放送大学叢書　062

新しい観光学　観光とリゾート、そしてオルタナティブ・ツーリズム

新しい観光学　目次

展開編

今後の課題と方向性編

はじめに

本書は放送大学教科書「観光の新しい潮流と地域」をベースにしたものである。しかしながら、放送後十年以上の月日が流れ、わが国は、東日本大震災、コロナ禍を経験し、世界では度重なる自然災害、平和の揺らぎが起こり、観光面でも増加し続ける国際旅行客、世界各地で起きているオーバーツーリズム問題など、観光をとりまく環境、観光そのものの様態も大きく変わりつつある。そのため、本の構成を始め、多くの章節が書き下ろしに近い内容となっている。

本書の特徴は、わが国の歴史を遡り、観光の成立と展開を、観光、リゾート、そしてオルタナティブ・ツーリズムに分けて論じている点にある。

本書のタイトルを「新しい観光学」とし、特に、オルタナティブ・ツーリズムに焦点を当てたのは、旧来の「観」せるべき「光」やその「観」せ方が、前書を書いているときにもまして、近年、大きく変わってきたという筆者の実感があるからである。この新しい観光スタイルは、持続可能な観光、サスティナブル・ツーリズムという表現も含め定着しつつあるように思える。

たしかに、多くの地域で、地域の「光」の発見・再認識は、地域の「誇り」を創造し、「魅力」を求める観光客との「交流」を産出し、住民の「生活の質」の向上へとつながっていくという理想的プロセス論については浸透しつつあり、耳にすることも多くなった。しかしながら、未だ、観光の歴史の中で、あるいは観光学の中で位置づけられた論になっているとは言い難いのが現状である。そこで本書では、大学でのさまざまな研究から得られた知見を混じえながら、理想的私論ではなく、二十一世紀の社会に必然的に生まれた普遍的な学としてできる限り記述してみようと試みている。

第一章、第二章では、これまで観光に関わってこなかった読者の方々のために、本書を読み進める基礎知識を提供している。第三、四、五章では、わが国の観光の歴史を辿ることで、ツーリズムからマス・ツーリズムへの拡がり、リゾートという別の観光スタイルの持つ意義、さらにはオルタナティブ・ツーリズムが登場してきた背景などについて論じている。リゾートについては、これからの日本社会にとって必要不可欠な観光スタイルであることを本書では強調している。第六、七章では、オルタナティブ・ツーリズムについて、特に着目し、便宜的に都市と農村に分けて、登場する必然性やそこで展開されているコンテンツについて紹介している。最後に、現代社会の中で、三つの観光スタイルが持つ課題と目指すべき方向性について、筆者なりの考えを提示している。

なお、できる限りデータ等を更新し、最新の状況を採り入れて記述したつもりではあるが、筆者の不勉強により最新とはなりきれてない箇所もあるかもしれない。そのあたりは、今後の訂正を前提にお許し願いたい。

本書をきっかけに、多くの地域で、多くの方々が、観光に興味を示し、観光のあり方や観光への取り組み方について、議論していただければ、拙い私論を提示した筆者にとって望外の喜びである。

基礎知識編

まず、本書のイントロダクションとして、今、なぜ観光に注目が集まっており、国策、地域振興策、まちづくりといったさまざまなレベルで観光振興に取り組まれているのかを概説する。次に本書の特徴である、三つの観光形態「観光」と「リゾート」、そして「オルタナティブ・ツーリズム」について、本書を読み進めやすいようその定義や用法を整理しておく。

◉第一章　今なぜ観光か

1. わが国の人口の推移と人口減少社会の到来

わが国は大きな転換期を迎えている。二つの意味がある。

第一は、わが国の歴史の中で経験したことのない人口減少を迎えていることである。

図1―1は、わが国のこれまでの人口構造の推移と見通しを示したものであるが、第二次世界大戦後の一九四五年に七千二百万人であった日本の総人口は、その後増加し続け、約五十年後の二〇〇四年には一億二千七百七十九万人となった。しかし、この年をピークとして減少してきており、二〇二〇年に約一億二千六百十五万人だった総人口は、二〇六五年には、九千万人を切ると推計されている。これは過去千数百年まで日本の歴史を遡っても初めての事態である。

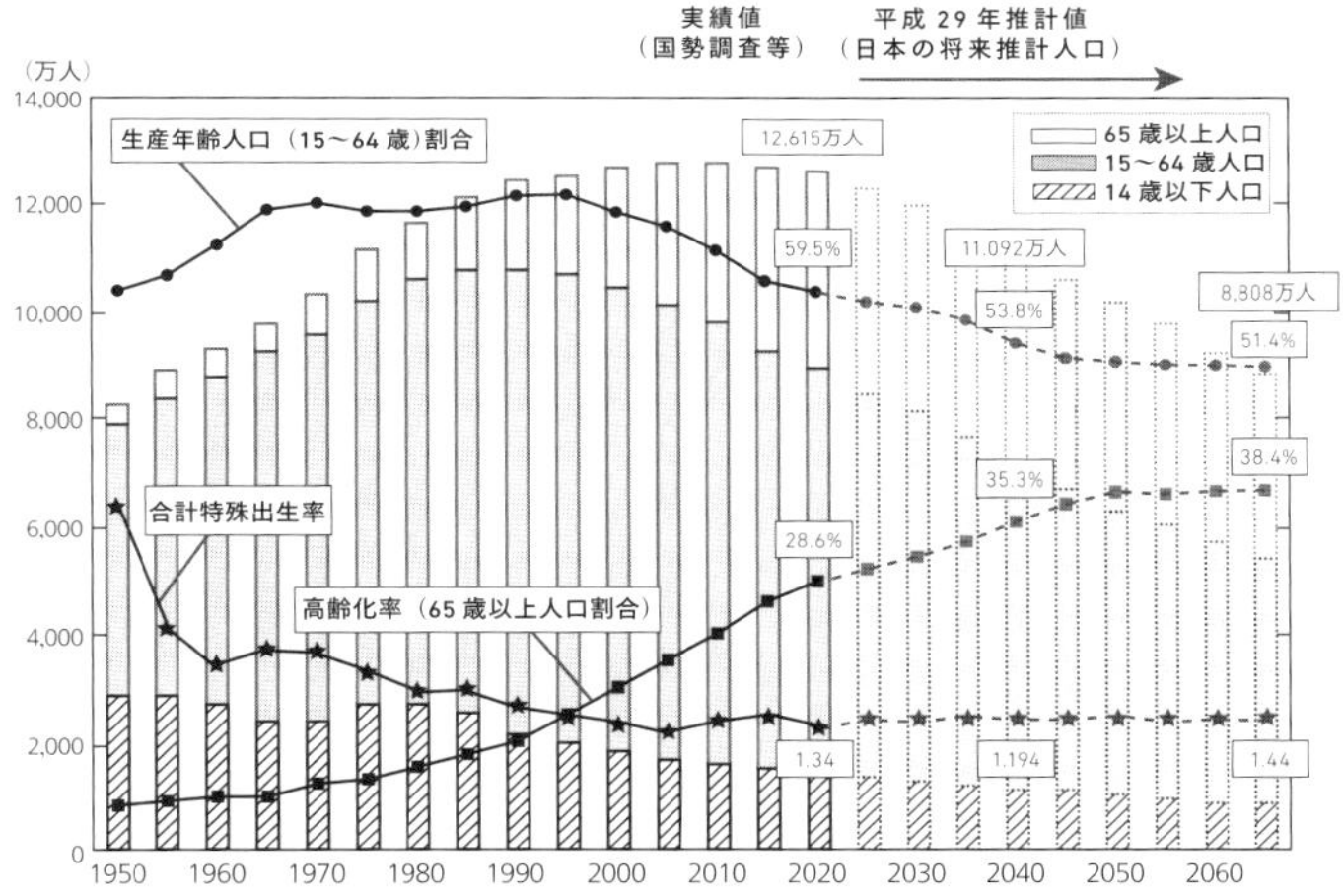

図1-1　わが国の人口構造の推移と見通し
（2020年までの人口は総務省「人口推計」（各年10月1日現在）等，合計特殊出生率は厚生労働省「人口動態統計」，2025年以降は国立社会保障・人口問題研究所「日本の将来推計人口」（平成29年推計）（出生中位（死亡中位）推計），厚生労働省HPより）

第二に、諸外国が経験したことのないような急激な少子高齢化が進んでいることである。日本の人口の構成をみると、生産年齢人口割合（十五－六十四歳）、高齢化率（六十五歳以上）は、二〇二〇年にはそれぞれ五九・五％、二八・六％だが、二〇三五年には五一・四％、三八・四％となり、人口の三分の一以上が高齢者となるとされている。

わが国の直面する人口減少社会は、単純な人口規模の縮小ではなく、高齢者数の増加と生産年齢人口（十五－六十四歳）の減少という「人口構造の変化」を伴うものであり、わが国の経済社会に大きな影響を与えることが予想される。日本社会はさまざまな面で大きな転換期を迎えているといえよう。

2. 都市化の進展と今後の都市人口

ところで、戦後のわが国の人口増加を地域側からみてみると、実は必ずしも全国一律な増加でなく、地方での急速な人口減少と都市への集中であることに気づく。

戦後の国土計画の重要課題であり続けた、いわゆる過疎と過密問題である。わが国の人口の約七割は都市部に居住しているが、今後も都市への人口集中は続くと予測されている。人口の都市圏への集中と、第一次産業就業人口の減少、および第二次・第三次産業就業人口の増加が同時に起こっているが、これは、大都市における第二次、第三次産業に対する労働力需要が増加したことによる。若年層の都市への流出によって地域的な人口構造の歪みが生じている。特に地方の中山間地域では人口減少と高齢化はより深刻な事態となっており、集落の維持・存続さえも危ぶまれる状況が発生している。

図1−2は、日本の人口を都市規模別に分けて、その推移と予測を示したものである。地方部でも札幌、仙台、広島、福岡のブロック中枢都市、県庁所在都市の人口は増加傾向にあるが、県庁所在都市以外の中小都市はほぼ減少している。人口規模が小さくなるにつれて減少率が上がる傾向が見て取れる。多くの地方都市で中心市街地の衰退が進行し、中心商店街やその周辺で空地化が進み、未利用地が散在している。「商店街実態調査報告書」（令和三年度中小企業庁委託事業）によれば、全国の商店街のうち空き店舗率が一〇％以上の商店街は全体の四三・三％となっている。

人口規模の大きな都市より地方中小都市の方が人口減少、高齢化は早く進んでおり、十分に深刻な状況ではあるが、もっとも早いのがすでに過疎となっている農山漁村であろう。

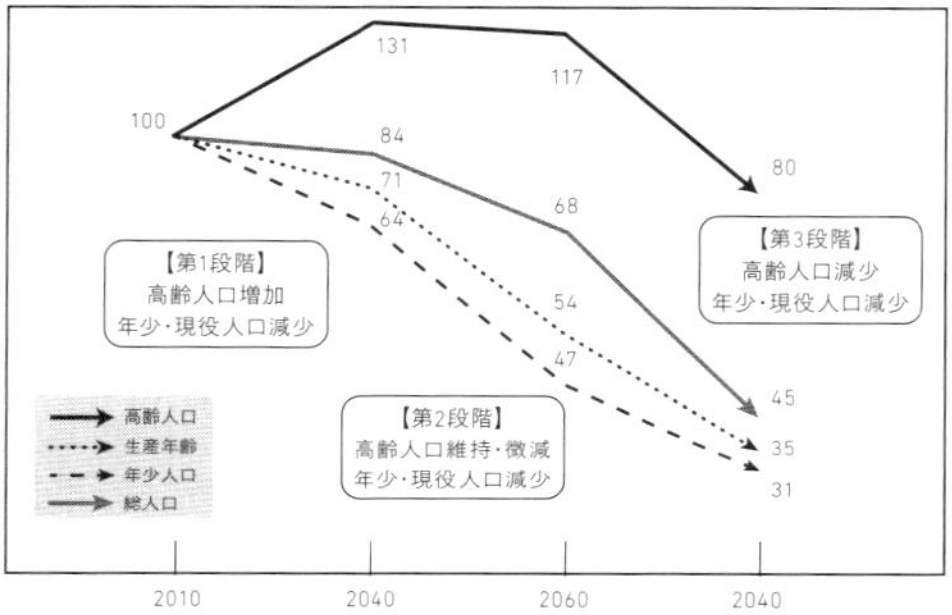

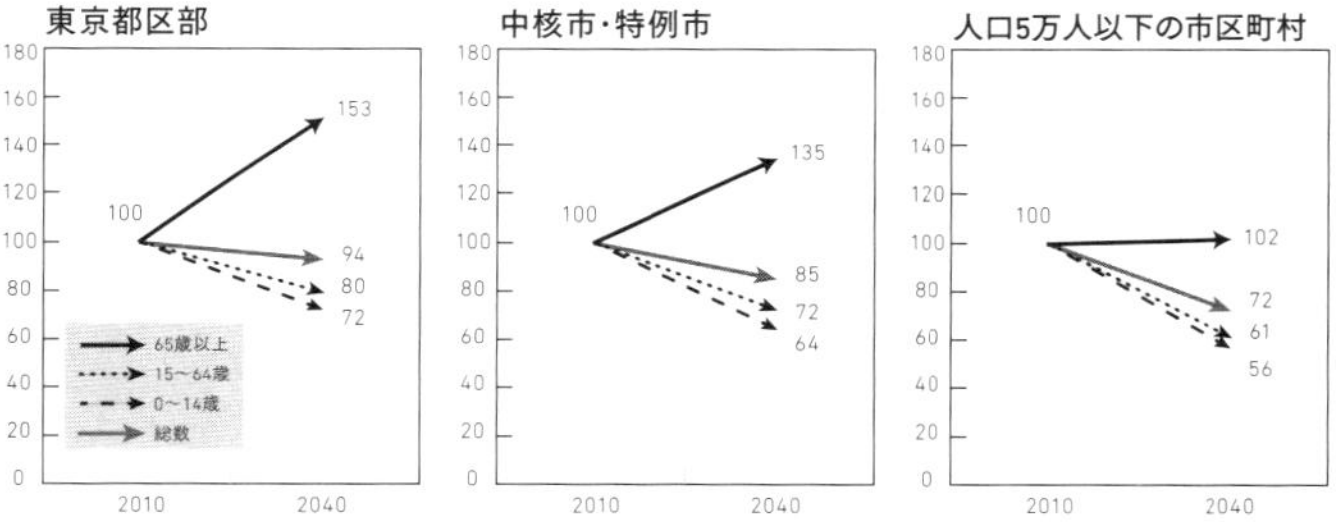

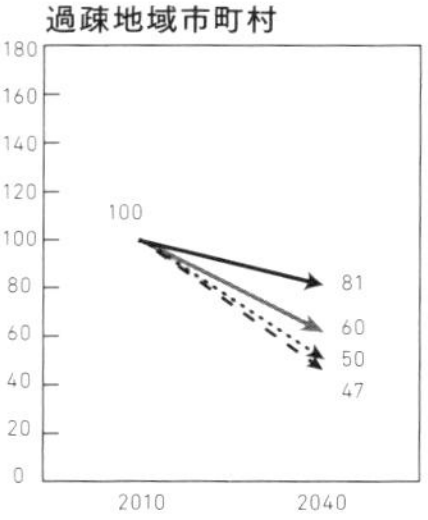

上図は国立社会保障・人口問題研究所「日本の将来推計人口（平成24年1月推計）」より作成。ほかは国立社会保障・人口問題研究所「日本の将来推計人口（平成25年3月推計）」より作成。推計対象の市区町村について、カテゴリー（人口5万人以下の市区町村は2010年の人口規模、中核市・特例市は平成26年4月1日現在、過疎地域市町村は平成26年4月5日現在でみたもの）ごとに総計を求め、2010年の人口を100とし、2040年の人口を指数化したもの（内閣官房まち・ひと・しごと創生本部事務局「まち・ひと・しごと創生長期ビジョン参考資料集」より）。

図1-2　地域別の将来推計人口

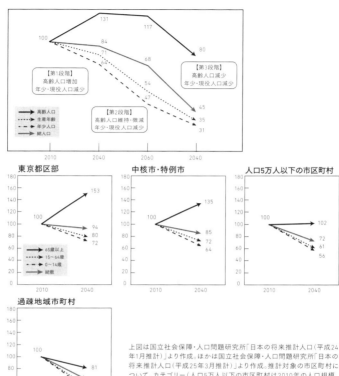

3. 過疎化の進行と農山漁村の現況と今後

人口統計上、農山村や漁村というまとまりでは数字を示せないので、すでに人口が減少し続けている過疎地域の現況をみてみる。

過疎地域とは「過疎地域自立促進特別措置法」で定められている地域をいう。その過疎指定を受ける要件は複雑なので、ここでは省略するが、簡約化していえば、日本の国土の中で、人口減少や高齢化が激しく、財政的にも貧しい地域である。統計資料によって、過疎地域の現況をみていく。

図1－3は、過疎地域の現況についてである。人口では全国の約九%を占めるに過ぎないが、面積では国土の約六割、市町村の約五割強を占めていることに驚かされる。図1－4は、全国の過疎、非過疎地域の人口の推移を示している。過疎地域では、この図の始まりである昭和三十五年にすでに人口減少は始まっており、その後人口減少が著しくなっていることがわかる。

市町村より小さな集落という単位でみると深刻な状況がより見えてくる。集落人口に占める六十五歳以上人口割合別集落数をみると、全体では六十五歳以上の人口が半数以上

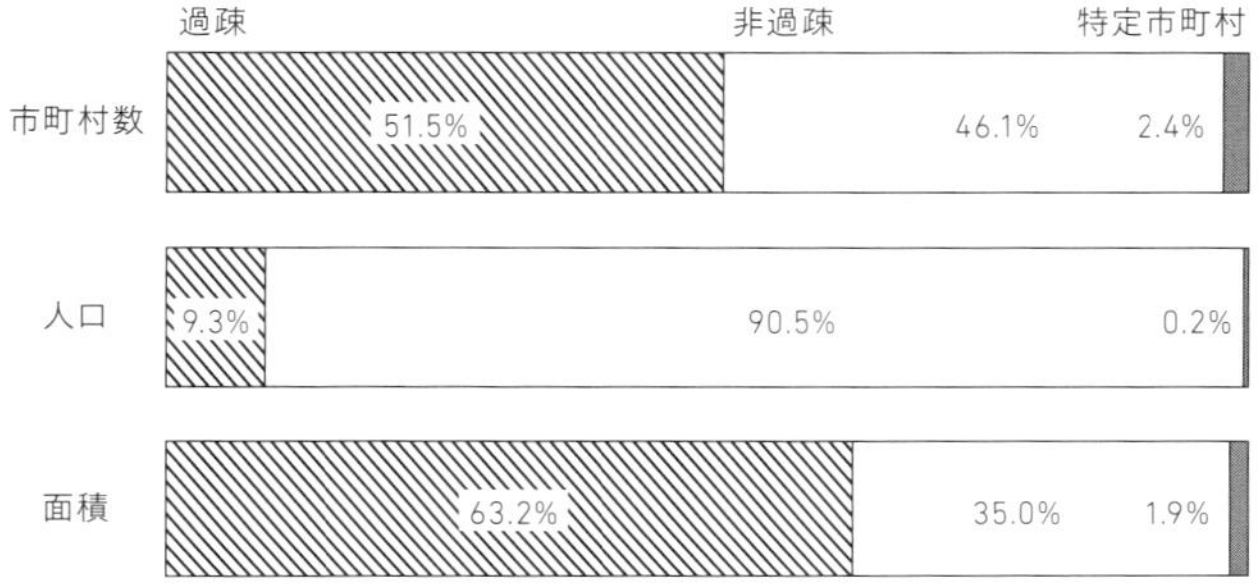

市町村数は令和5年4月1日現在であり、過疎地域の市町村数は過疎関係市町村数による。特定市町村は「過疎地域自立促進特別措置法」に基づき、過疎地域であった地域で「過疎地域の持続的発展の支援に関する特別措置法」に基づき、要件を満たさない地域をいう。人口・面積は令和2年国勢調査による。一部過疎地域を含む。東京都特別区は1団体とみなし、市に含む。
（「令和4年度版過疎対策の現況」総務省地域力創造グループ過疎対策室，p.28より）

図1-3　過疎地域の市町村数・人口・面積

を占める集落は二九・二％あり、そのうち六十五歳以上人口が七〇％以上の集落は六・二％ある。すべての人口が六十五歳以上である集落も一千七十二集落（一・四％）ある。さらに七十五歳以上人口割合別集落数をみると、全体では七十五歳以上の人口が三〇％以上を占める集落は二五・九％あり、そのうち半数以上を占める集落は五・三％ある。すべての人口が七十五歳以上の集落も三百八十九集落（〇・五％）ある。

また、過疎地域等における七万六千七百十集落のうち、五百五集落（全体の〇・七％）が今後十年以内に消滅するおそれがあり、三千百十七集落（全体の四・一％）がいずれ消滅するおそれがあると予測されている。集落は、生活扶助機能、資

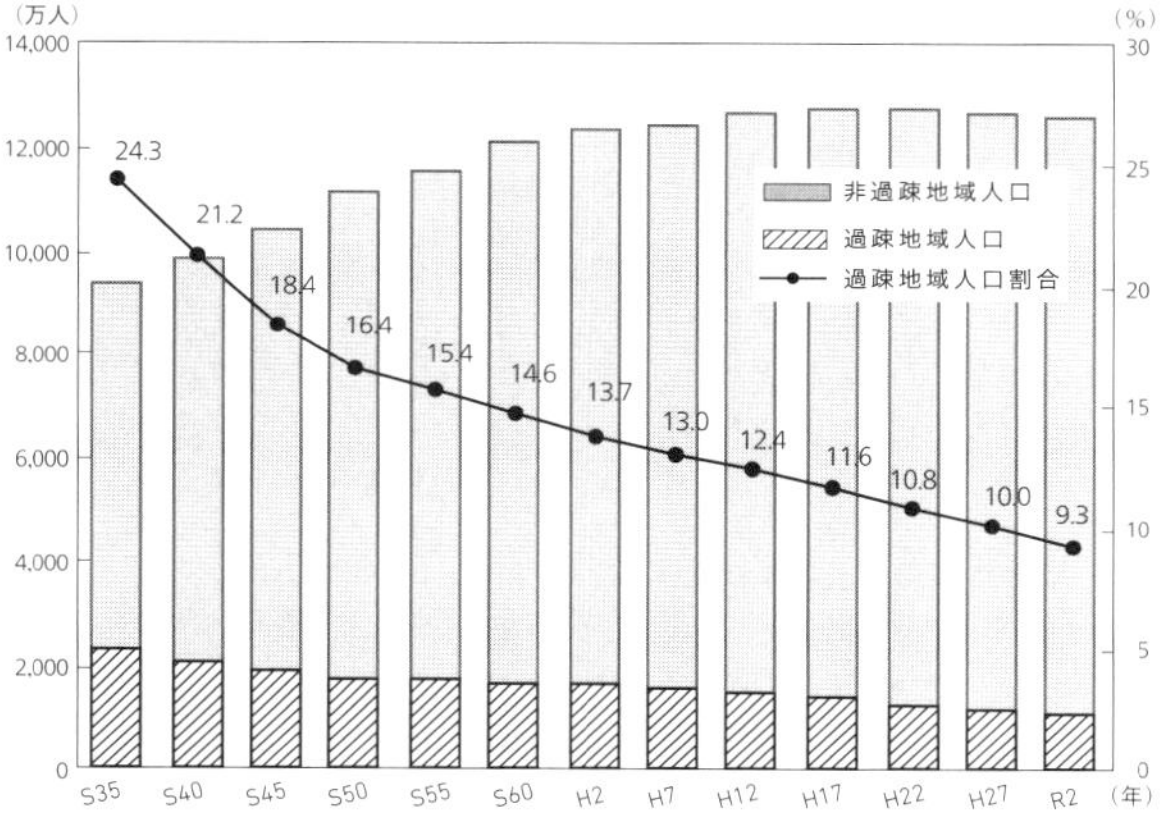

図1-4　過疎・非過疎地域人口の推移（国勢調査による。過疎地域は令和5年4月1日現在。「令和4年度版　過疎対策の現況１」2024.3.総務省地域力創造グループ過疎対策室, p.34より）

源管理機能など国土の保全に重要な役割を果たしているが、多くの集落において、耕作放棄地の増大、空き家の増加、森林の荒廃、獣害・病虫害の発生等の問題が指摘されている（総務省「過疎地域等における集落の状況に関する現況把握調査報告書」令和二年三月）。

以上、さまざまな統計をみてきたが、世界的に温暖化対策や自然環境の保全が必要とされる中、わが国においても食料問題や国土保全も含めた環境問題など、農山村・農業の活性化は以前にも増して重要課題になってきているにもかかわらず、農山村や農業が厳しい状況に置かれていることが読み取れる。長年指摘されてきた過疎化・高齢化による農村地域の衰退は、相変わらず決定的な解決を見る

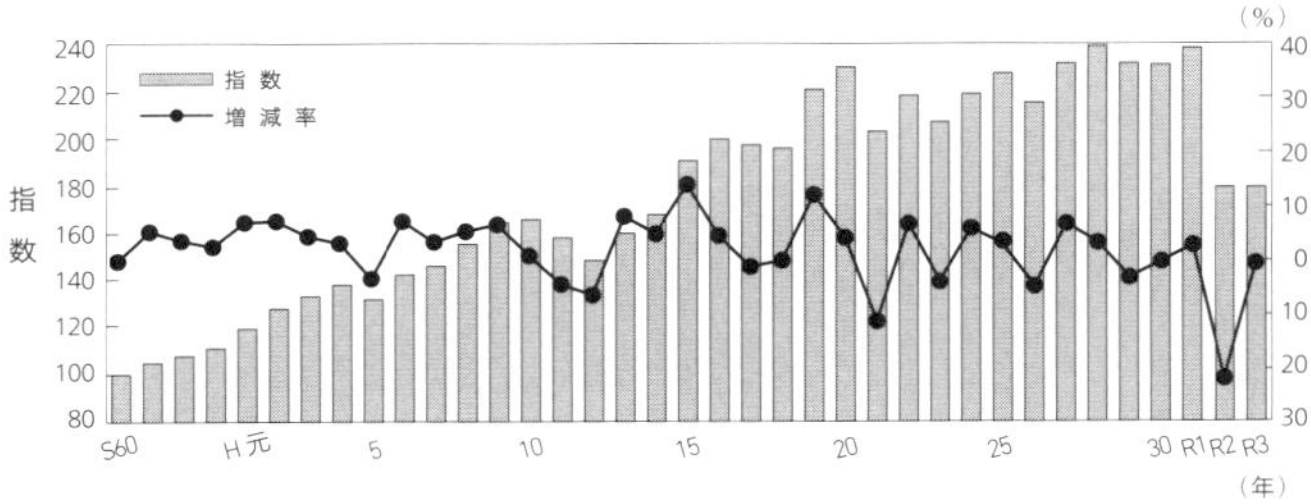

図1-5　過疎地域の観光入込客数の推移
（「令和4年度版　過疎対策の現況」2024.3.総務省地域力創造グループ過疎対策室, p.94より）

ことができないままである。過疎化により点在してしまったむらには、さまざまな観点から「自立」が求められるが、そのために観光が貢献できることを考える必要があろう。

ここで、過疎対策として観光振興の役割を問う前段として、過疎地域を訪れた観光客のうち延宿泊者数を示す図1－5をみると、過疎地域における入込観光客数は、昭和六十年から徐々に増加し、平成二十八年では過去最高となっており、観光による過疎対策の可能性が窺える。しかし、外国人延宿泊者数を三大都市圏と地方圏を比較すると、六割以上は三大都市圏が占めており、急増する外国人観光客の受け皿にはまだなれていないこともわかる。

4. これまでの国土・都市・農山漁村づくり

ところで、日本の国土が、ほぼ現在のような姿になったのは、戦後の急速な経済成長に伴って、一般に「都市化」といわれる現象が激しく進んだことによる。そうした中、「過疎と過密」という今日にまで未解決な問題を生み、人口が急増した都市部では「過密と混乱した利用」のために極小住宅、道路渋滞、河川氾濫、大気汚染などの都市問題が発生した。

一方、人口が減少した農山漁村部では「過疎と所得格差解消」のために、減反など農作物の生産調整、農業の生産性向上のための生産基盤の整備、あるいはレジャー開発などが行われ、かけがえのない財産であったわが国固有の自然、風景、文化が犠牲にされていった。さらに農地の荒廃、自然環境の破壊などの問題を引き起こした。

都市への流入者の衛生確保のための上下水道、企業活動を支援するための道路や通信、農業の生産性向上のための圃場・農道などの基盤整備の量的供給に追われてきたのが近代、特に戦後のわが国の国土づくりであった。欧米へのキャッチアップを目指し、実際、世界に類を見ない急激な経済成長を成し遂げる国土基盤としては有効に機能してきたし、都市化を進展させてきたことはやむ負えない選択であったと思われる。

しかし、地域間で差異はあるものの、大雑把には都市への人口集中は収束し「過密と混乱した利用」に伴う問題はある程度解決してきた。

今やわが国の総人口は減少に転じて二十年近くが過ぎ、すでに人口が減少している地域では異なる問題が生じている。社会経済的な存立基盤であった産業や交通・流通の機能が衰え、雇用が減少し、空き家空き地や住民の目や管理が行き届かない地域が出現している。また購買力の減少から中心市街地や商店街は衰退し賑わいが喪失したり、財政難によって都市整備が遅滞する、さらに、産業の新規立地や誘致の都市間競争力も低下するなど、人口減少から脱却しにくい悪循環が起っているところが少なくないのである。

5. 成熟社会における観光の価値

では、次なる時代における国土づくり、そのベースとなる地域づくりはどうあるべきだろうか？　こうした〝価値観〟の変化が〝観光〟をクローズアップさせている。

人口減少時代に、多くの地域が観光に取り組む目的は何だろうか。例えば、国は近年熱心に外国人誘致に取り組んでいるが、観光立国を掲げる理由として、次の三つを挙げている。まず、国際的状況。

①国家間のモビリティの進展、新興国の台頭などによって、地球規模で人流が活発化してきた。特に二〇一〇年代、アジアにおいて急速な所得水準の向上に伴って観光需要が爆発的に増えると予測されていた。

次に、国内的状況。

②国内では、定住人口減少の中で、人々の交流の拡大によって、地域を活性化する観光が、都市や農山村の振興・再生策として政策的に注目されていた。一方で、地域側も、地域主導のまちづくりや活性化策として、観光振興に注目しており、全国各地で盛んに取り組まれ観光に地域再生への期待がかけられていた。

さらに、

③観光産業は世界的な成長産業であるにもかかわらず、わが国は後塵を拝し、アウトバウンドとインバウンドの格差がまだあることを問題視していた。

以上、三つが大きな理由とされている事柄であるが、停滞する日本経済の活性化策として有力だという政府の認識が感じられる。

たしかに第一義的には、定住人口による経済の活性化が望めないため、地域の活力の低下を防ぐには、世界的な成長産業である観光振興によって、交流人口や関係人口すなわち他の地域から来訪した人々の消費活動が必要であると認識しているのであるが、それだけではない。

観光や交流による振興は、人口増加時代には軽んじられ、あるいは見逃されていた自然、文化、歴史、産業、人材など、地域のあらゆる資源を見直し活かすことで、地域の個性、さらには住民の誇りが創り出されていくのではないかと期待されているのである。

また、旧観光基本法（一九六三年）から観光立国推進基本法（二〇〇七年）に引き継がれている「観光」の効用は次のようなものだとされていることも忘れてはならない。

①異文化理解と国際平和の推進：国際収支改善や国際親善に寄与する。
②国民生活の安定向上：国民の厚生・保健に貢献する。
③国民経済の発展・地域の活性化：地域経済を潤す。

つまり、人々が観光を通じて、他国を理解したり、自らが健康になったりする行動の結果として、経済が活性化するのである。

観光に取り組む地域の側から考えると、特に、地域を観光的視点から構築し直すことで、「地域社会の維持・改善への効果」、「地域環境の保全・整備への効果」が得られることへの着眼が重要となろう。

6. 観光まちづくりの隆盛

こうした〝価値観〟を変えた次世代の地域づくりとして注目され、各地で積極的に取り組まれているのが「観光まちづくり」である。観光まちづくりは「地域が主体となって、自然、文化、歴史、産業、人材など、地域のあらゆる資源を活かすことによって、交流を振興し、活力あふれるまちを実現するための活動」（APTEC、二〇〇一年）などと定義されるが、現在、主流となっているのは、「観光の視点を取り入れたまちづくり」である。すなわち、まちづくりの新しい価値尺度として「観光」が登場してきた。ここで注目すべきは「観光」が単なるsightseeing（物見遊山的）を意味しているのではなく、もっと広い概念へと拡がりをみせているということである。例えば、「集客・交流」はもちろん、「歴史・文化」「保全・環境」といった方向性までを代表する言葉が現在の「観光」となっている。それぞれには前時代の対比的旧〝価値観〟が存在する。「集客・交流」には「定住」、「歴史・文化」「保全・環境」には「開発」。つまり成熟社会におけるまちづくりの新しい価値を代表して言い表す言葉として「観光」がまちづくりの枕詞として使われているのではないか、と解釈されるのである。

7．地域が観光に取り組むねらい

では、こうした時代に地域が観光を取り入れるねらいはなんだろうか。現在、多くの観光振興を標榜する自治体で語られている観光の必要性を整理してみよう。

第一に、来るべき人口減少時代における都市の活力の低下を防ぐため、より具体的には定住人口による経済の活性化が望めないため、交流人口、すなわち他の地域から来訪した人々の消費活動に期待をかける。

第二に、幅広い経済波及効果のある観光産業を育てることで各種産業の活性化、さらには産業構造の転換を図る。

第三に、都市間競争力を強化するため、都市の魅力やイメージの向上に寄与する。

第四に、科学・技術、芸術・文化産業などの分野で新たな産業を育てるため、活躍する国内外の創造的人材を惹きつけられるよう知的産業基盤としての快適環境を提供する。

大きくこの四つの視点で語られている。人口減少で定住人口の奪い合いになると予想される中で、観光・交流による地域経済の振興だけでなく、新たな活力を生み出す観光の持つ力には定住人口確保の期待もかかっている。

8. 観光行動・観光地の変容

こうした時代的背景を受けて、わが国の観光行動、観光地のあり様も転換期を迎えている。その要因を整理すると大きく三つあると思われる。

一つは「オルタナティブ・ツーリズムの台頭」。

観光行動が団体から個人へ、物見遊山から体験へと変化していることや、個人の志向が多様化していることは、ここ数十年いわれ続けているが、さらにその延長線上で、現代では、オルタナティブ・ツーリズムと呼ばれる新しい観光スタイルが第三の潮流として台頭してきた。〝オルタナティブ〟とはこの場合〝現在とは異なる価値観を持つ〟という意味で、グリーン・ツーリズム、エコ・ツーリズムなどの総称である。

サスティナブル・ツーリズム、レスポンシブル・ツーリズムという意味も包含していると考えられる。サスティナブル・ツーリズムは持続可能な環境負荷が少ないツーリズムという意味、レスポンシブル・ツーリズムは観光行動には社会的な責任が伴うという意味で使われている。最近では一歩進んで、エシカル（倫理的）・ツーリズムという呼び方もある。

近年、人々の欲求がモノからコトへとシフトしているとされているが、ツーリズムにおいてもその傾向は強く、観光客の中には伝統的な観光地や体験に飽き足らず、異なる文化や伝統に触れるより個性的な場所や体験を求める人々が増えている。また、環境保護や地域社会の支援など、持続可能性への関心が高まる中で、コミュニティを支援し、環境に配慮した旅行体験が指向されている。こうしたことが相まって、オルタナティブ・ツーリズムの台頭につながっていると考えられるのである。

ここまでは主に観光客側、つまりマーケット側の志向の変化であるが、一方、地域側の状況も変わった。

元々、農山村などでの観光開発は、地方振興の期待を背負って行われた。しかし、性急かつ無秩序な開発も多く、自然破壊や景観問題が引き起こされてきたのも事実である。また、宿泊施設の過剰な供給と設備投資は、バブル崩壊後の長引く景気低迷の中で経営を圧迫し、多くの観光地で、今に至る大規模旅館の廃業、施設の放置など、さまざまな問題が顕在化してきた。この反省と一九九二年の地球サミットで提唱された持続可能な開発という地域振興の考え方と、人々が求める新しい観光スタイルへの変化が相まって、サスティナブル・ツーリズムと呼ばれる新しい観光開発の手法が注目されるようになった。

今までの旅行会社主体の発地型観光の対語として、地域が主体となって観光ビジネスをするという意味で着地型観光といった呼び方もされる。国土交通省や観光庁などが使うニューツーリズム（一九八九年にプーンが提唱した。ただし少し意味は異なる）という呼び方もある。

全国から人が呼べるようなものはなくとも、固有の文化や生活といった地域資源を観光資源化することでそれぞれの地域が個性的な観光地となる。こうした観光化が中心市街地の疲弊で苦しむ地方中小都市、過疎化・高齢化に悩む農山漁村での新しい生業を産み出し、地域の活性化に一役買えるのではないかと期待されているのである。

二つ目は「全国総観光地化現象」。

元来、観光地という単一の呼び名だけで呼ばれるまちやむらはない。観光地である前に、それぞれ城下町、港町、門前町、宿場町、近代では工業都市であったりする。むらも同様で、温泉地であったり、農村であったり、山村であったり。江戸時代までは、来訪客が頻繁にあるのは門前町、宿場町と温泉地くらいであった。近代に入り観光が大衆化していく中で、徐々に著名な観光資源を有する地域に多くの人が訪れることで観光産業が成立し、いつしか観光地と呼ばれるようになった。わが国はこれまで観光地と呼ばれるまちやむらは比較的限られていた。ところが、近年、自然回帰や生活・歴史へまなざしを向ける観光スタイルであるオルタナティブ・ツーリズムが主流となってきた。

これには、インターネットやソーシャルメディアの普及により、人々は各地の情報に容易にアクセスできるようになり、多くの目的地や体験について知り、オルタナティブな選択肢を見つけやすくなったことも一役買っている。地域側は、金をかけずとも自前のホームページやSNSで情報の発信が可能になった。現在は、何気ない地域資源でも特定の人々を惹きつける魅力さえ有していれば観光資源となり、どんなまちやむらでも観光地になってしまうのである。

三つ目は、「国策としてのインバウンド観光」。

わが国では、先に述べたような理由で、二〇〇六年には「観光基本法」を全面改定し、観光を二十一世紀の国の重要な政策の柱として明確に位置づけ、観光立国を推進するため、翌二〇〇七年、「観光立国推進基本法」が施行された。そして、計画を推進していく組織として、二〇〇八年わが国初の観光庁が設置された。いまや観光はわが国の基本政策の一つであり、国を挙げての「観光立国」を目指した取り組みが急激に進展している。

特に国が力を入れているのが、国外から観光客を連れてくるインバウンド観光である。コロナ前に訪日外国人客数は三千万人に上り、日本全国でオーバーツーリズム問題が発生していてもなお、まだまだ訪日外国人客数を伸ばそうとしていた。この勢いはコロナ禍が沈静化した今、復活しようとしている（図1―6）。

9. ツーリズムの変容と持続可能な観光地づくり

戦後間もなく、観光振興策は、国による経済復興のための外貨獲得を目的としたインバウンド政策から始まった。

その後、経済成長、モータリゼーションの進展とともに、日本人の観光需要が急増し、農山漁村でも海水浴場やスキー場を核とした民宿事業などが展開され、一九六三年「観光基本法」も制定されたように観光の社会的、経済的意義が認識され始めた。職場旅行などの団体旅行を中心に皆で同じ所を目指すマス・ツーリズム隆盛の時代である。

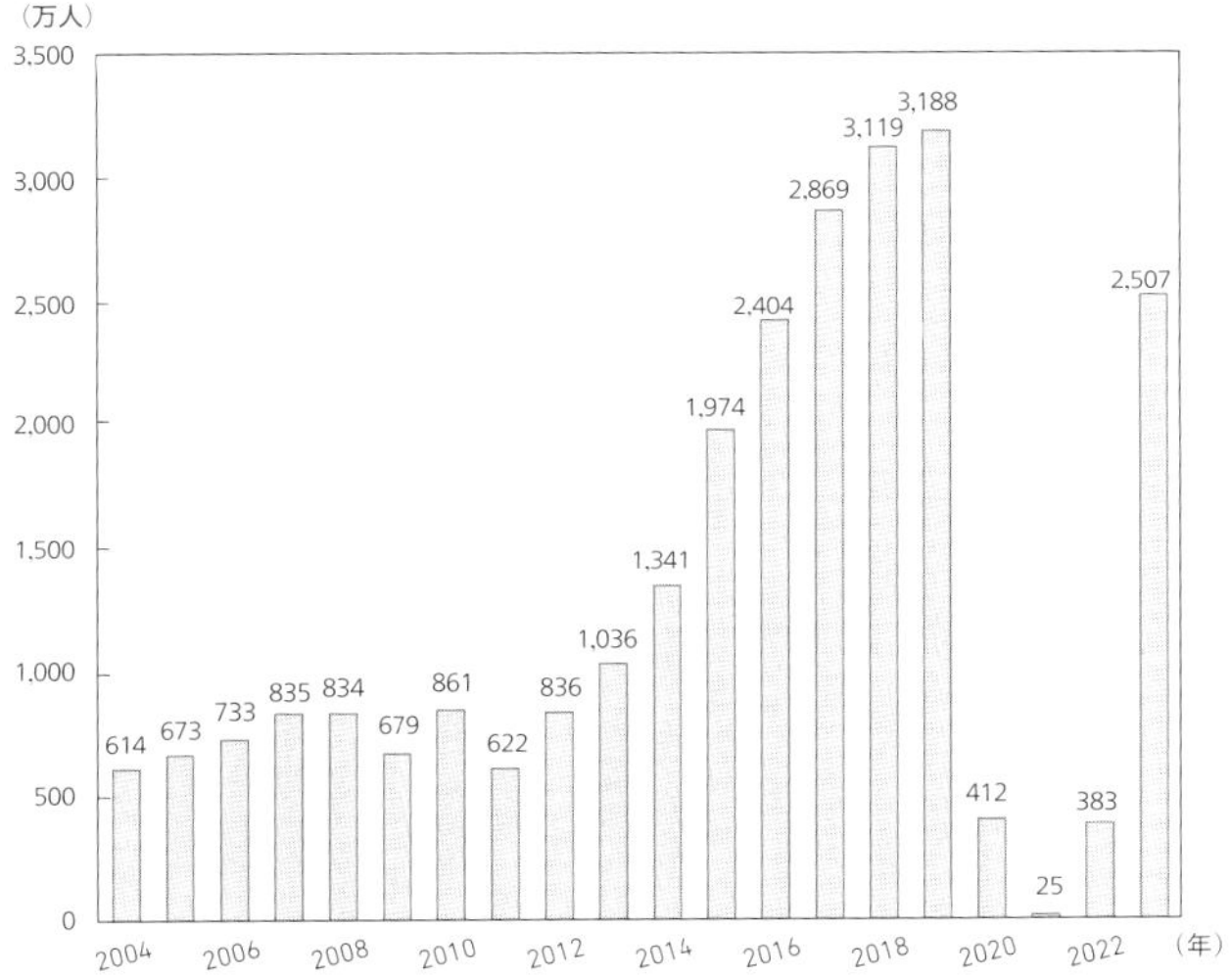

図1-6　訪日外国人客数の推移（「令和6年版観光白書」概要版, 2024年, p.9より）

さらに、一九七〇年の「ディスカバー・ジャパン」を契機に歴史的町並みや秘境などにも観光の眼差しは広がったものの、マス・ツーリズムの勢いは止まらず、温泉地など観光地では団体客に対応した宿泊施設や駐車場などが整備されて、それまでの空間を大きく変貌させていった。

その後、国は地域振興策として、リゾートの整備も多くの地域で手がけたが、成功裡には終わらなかった。それ以外も「列島改造計画」、「過疎地域進行特別措置法」など、さまざまな国策や機運を経ても、地方と都会との格差は変わらず存在し続けた。

その意味では、観光による地域振興策も力及ばずの感が強い。一つの大きな要因は、当時の観光はマス・ツーリズムであり、ブーム的な流行での盛衰が激しく、持続可能な振興策とはなりにくい点にある。そのため、特に初期投資が大きい施設型の観光振興策は、当初の予想どおりには観光客が来ず、多大な負債が残ってしまった地域も多い。

こうした国際、国内観光の状況や時代を経て、今、オルタナティブ・ツーリズムと呼ばれる新しい観光のスタイルが隆盛となり、多くの地域でその振興に取り組まれている。

なぜ今、オルタナティブ・ツーリズムなのか。経済的利益のみを追求し、観光振興を行うならば、マス・ツーリズムを誘致した方が効率は良いかもしれない。しかしながら、オルタナティブ・ツーリズムを政策的に展開することの最大の効用は経済的潤いをもたらすだけでなく、そこにしかない「魅力」を求める来訪者との交流により、生活者自らも地域の歴史を掘り起こし文化を再発見・確認し、新たなる「誇り」を得られることであろう。このことにオルタナティブ・ツーリズムを展開することの真の意味がある。

詳しくは『展開』編で述べるが、こうした時代には、単なる一度訪れれば満足してしまうような観光地や観光施設は必要なく、大きなお金のかかる大きな箱物はいらない。また、交流や体験を軸にした身の丈にあった観光は、地域住民の誇りや豊かさにもつながる。観光客のセグメントを絞り、程々の観光客を集めるまちづくり型の観光振興は、観光の流行に左右されにくく、持続可能な観光地づくりを可能にするのである。

◉第二章　観光の概念の拡がり

まずは「観光」とは何か、その語源や用法から「ツーリズム」や「リゾート」といった類似語との比較を交えて考えていく。

1. 観光とツーリズムの定義と用法

(1) 日常語としての観光

普段、何気なく使っている「観光」という言葉であるが、実は考え出すとけっこう奥が深い。似たような意味を持つ言葉として、ツーリズム、リゾート、レクリエーション、レジャーといった外来語もあれば、行楽、遊覧のような古い日本語もあるし、「観光」

という言葉自身の持つ意味合いもさまざまである。

観光学において、観光は定義されているべきあろうが、観光学は発展途上であり、現段階で観光の普遍的な定義はないといってよい。

一般用語としての観光の意味を探るために、『広辞苑』を引くと「他の土地を視察すること、また、その風光などを見物すること」と説明されている。一般の国語辞典には、概ね「ふだん接する機会のない風光、名所などを見物すること」などと記されており、このあたりが一般的に認識されている、あるいは使用されて定着している観光の意味であろう。

(2) 観光の語源

観光の語源は、中国の古典『易経』にある「観國之光。利用賓于王」由来するといわれ、「國の光を観る／もって王に賓《ひん》たるによろし」と訓読する。その解釈については、「観」を主体的に「見る」、英語のseeとして、例えば、中国思想学者の今井宇三郎氏は「国の光華盛美なるを観る。よろしく王朝に賓として仕進し聖君を輔けるによろし」としている。より平易なものでは、三浦國雄氏が「その国の政治の善し悪しを民の暮らしに即して観察する。そういう視察者は王の賓客として礼遇される」としているが、これらの解釈は、いずれにしても現在的な観光の意味とは異なる。

「観光」の語源はおそらく『易経』にあるものの、『易経』由来の意味から離れて、さまざまに説明されて用いられてきたと近年の研究では指摘されている。時代の要請などに従って、そこに付加される意味は変わってきたのだと推察される。

(3) 戦前における観光の用法の変容

では、これまで「観光」という言葉はどんな用法で使われ、どんなふうに変容してきたのだろうか。江戸以前にも使用例はみられるようだが、ここでは明治維新前後から近代以降をみていこう。

幕末に江戸幕府がオランダから入手した洋式軍艦に、「観光丸」という名前を命名した(もう一隻が「咸臨丸」)。ただし「観光丸」の艦名の名付け親については近年、議論になっており未だ定説はない。明治維新前後には、いくつか使用例がみられ、現在の栃木県にあった佐野藩は藩校を「観光館」と命名している。また高杉晋作は交友録を『観光録』と名づけていた。

岩倉遣欧使節団の記録である『米欧回覧実記』に、特命全権大使であった岩倉具視が「観」と「光」を揮毫《きごう》している。岩倉使節団は明治四年横浜を出港し、欧米十二ヵ国を歴訪した。メンバーには岩倉のほか、木戸孝允、大久保利通、伊藤博文などがいた。この書はその一員として参加した久米邦武が帰国後、執筆・編集した見聞録である。これは、訪問した国々の概説、国の制度・産業・軍事・教育・風俗など幅広い内容を網羅しており、明治維新期、日本のあり方の一つの指針ともなった。文字どおり、欧米の「国の光」を観てきたのであろう。

明治後半以降になると、「観光」は英語のtourismの訳語として用いられ始めたといわれている。

一八九三年、渋沢栄一らによって、外国人観光客の接遇のための半官半民の組織、喜賓会が設立された。その設立目的に「遠来の子女を歓待し旅行の快楽、観光の便利を享受せしめ……」と述べられており、観光を現在の意味に近い形で公《おおやけ》に使用した最初の例だとされている。一九三〇年には鉄道省に「国際観光局」が設置され、わが国で初めて「観光」を冠した行政機関が誕生している。戦前には「観」を「みせる、しめす」、英語のshowと解釈し「国の光をしめす」という意味でも使われている。

戦後になると、観光は、公的にも日常的にも頻繁に使われるようになってきた。当初、「観光」は「観せるshow」であったようだが、徐々に「観て回るsee」という意味で用いられるようになる。さらに、この「観て回る」も、当初は「視察する」ことだったが、社会経済の発展を背景に、「観て見聞を広げる」、さらには遊びの意味を含んだ「他国の風光・名所などを「遊覧」する」までに変化していった。

すなわち、「視察」には、「みて学ぶ」という意味があるが、それが「鑑賞」「見物」すなわち「みて楽しむ」の意味に変化していったと推測される。社会経済の発展を背景に、移動の安全や快適性が高められたことによって、観光の内容が変化したのであろう。

⑷ツーリズムの定義と用法

では、「観光」と訳されたtourismという用語は、本来、どんな意味なのだろうか。tourismは、tourに行動・状態・主義等を表す〝-ism〟の付いた語であるが、tourは「ろくろ」の意味を持つラテン語から発したもので「巡回」「周遊」を意味する。そのため、tourismは人々が周遊旅行をすることを社会現象として捉えた語とされる。

国際的にはどう定義されているのだろうか。

一九三〇年代以来、ヨーロッパで観光学の体系化が進む中で、tourism の定義には、「一時的」（定住しない）、「非営利的」（出稼ぎと区別）といった条件が加えられてきた。一九六三年に国連世界観光機関（ＵＮＷＴＯ）が、「ツーリストとは、少なくとも二十四時間以上、そして最長一年以内の期間、居住地を離れてふたたび居住地に戻る人」と定義し、その目的には、「レクリエーション、ホリデイ、スポーツ、ビジネス、会合、会議、研究、友人・親戚訪問、保養、宗教・伝道」を挙げている。「一時的」を「二十四時間以上一年以内」と規定し、ＵＮＷＴＯによるツーリストの定義となったのである。

これは国際間の統計上の定義となり、非営利性は消え、ビジネスも含んでいる。この時点で観光と tourism は同義語ではなくなり、ツーリズムは国際的には観光とビジネスの両方を含む用語となった。これは統計上、観光客とビジネス客を区別するのは難しく、ビジネスでも観光的な行動や消費を伴う場合が多いこと、何より経済的には両者を区別する必要がなく、この考え方が主流になったとされる。

(5) 旅・旅行の概念

次は、これも似た言葉、「旅」「旅行」についてである。

「旅」「旅行」といった言葉も「観光」とともによく使われている。そこで、「旅」「旅行」と「観光」の関係について考えてみよう。観光を考える上で本質的な要素の一つは、「人が一時的に定住地を離れるという行為」だが、これを一般に「旅」、「旅行」という。「旅」を「旅行」の上位概念として厳密に分けて捉えることもあるが、ここでは同義語と考えたい。

歴史学者の新城常三は、旅の発生段階を①内部強圧の旅：家職や交易など生きるための旅、②外部強制の旅：主君の命令、絶対者から強制された旅、③自ら好んでする旅：風景探勝、神社仏閣への参詣の旅、と説明し、③の「自ら好んでする旅」が観光に発展してきたと指摘している。

「観光」の概念にとって重要なことは、必要に迫られたり、強制されたりしない、自ら好んでする旅であることも本質的な要素の一つであるということだ。現代の出張などビジネス旅行は、大抵の場合、②に相当するだろう。

すなわち、旅、旅行が観光であるためには、1、自己の自由裁量にゆだねられた時間に行われる旅行であること。2、自発的かつ随意的な旅行であること。3、営利を目的としない旅行であること。の三つの要件が満たされている必要がある。先に述べた

「ツーリズム」はビジネス旅行も含むから、日本語では「旅行」に限りなく近いことになる。

(6)戦後における公的な観光の定義

ここで、近年の公的な定義をみてみよう。

一九六九年、観光政策審議会の答申「国民生活における観光の本質とその将来像」における観光の定義は、「観光とは、自己の自由時間(=余暇)の中で、鑑賞、知識、体験、活動、休養、参加、精神の鼓舞等、生活の変化を求める人間の基本的欲求を充足するための行為(=レクリエーション)のうち、日常生活圏を離れて異なった自然、文化等の環境のもとで行なおうとする一連の活動をいう」としている。

同じく一九九五年答申では、「余暇時間の中で、日常生活圏を離れて行うさまざまな活動であって、触れ合い、学び、遊ぶということを目的とするもの」としており、いずれも、時間軸で自由時間、空間軸で日常圏から離れた場所、目的軸で自主的な楽しみであることが条件となっている。

2. 観光との対比からみるリゾートの語源と定義

(1)リゾートの語源と定義

「リゾート」の語源である、resortirは「ふたたびでかける(所)」「しばしば行く(所)」という意味であるが、それとは関係なく、行動を指す場合、場所を指す場合など広義に使われ、「観光地」、「レジャー」といった言葉と混同され、分け隔てなく使われている。リゾートウェア、アーバンリゾート等、さまざまな言い方が世間にはある。このように「リゾート」という言葉も「観光」に劣らず、一般の文章から学術論文まで、かなりいろいろな概念や意味で使われている。

本書では、観光とリゾートを区別することで、新しい観光を理解しようと試みている。そのため、「リゾート」も定義しておく必要がある。

「リゾート」はその語源的意味から「日常の居住地を離れて、保養・休養を主目的として、快適な自然と文化の環境の中で、滞在(数日から数カ月、半定住まで)を楽しむ活動(場所)」または「避暑、避寒、保養といった言葉で呼ばれてきたある種の快適な生活を一時的に居を移して楽しむ活動（場所）」と定義できる。活動としての意味と場所や空間を示す場合があろう。

そして、先ほど述べた「観光」を「広義の観光」としよう。この「広義の観光」を、物見遊山的「観光」と保養・休養を目的とする「リゾート」に分ける。これを用いて、観光の本質をより詳細に捉えてみる。なお、物見遊山的「観光」を「狭義の観光」とする。

（2）観光（地）とリゾートの対比

「観光」（狭義）と「リゾート」、および「観光地」と「リゾート」の持つ意味を対比的にみることで、その概念的な感覚を含めて整理してみる（図2－1）。

「観光地」は、旅行者が一時的に留まる場所であるのに対して、「リゾート」は、「ふたたびでかける」「しばしば行く」という語源的意味からも繰り返し訪れ、また長期に滞在する場所であり、来訪者にとって準住民として定住する感覚のある場所となる。また、「観光」（狭義）が刺激や好奇心を満たすことを求めるのに対して、「リゾート」にもっとも求められるのは心身のくつろぎあるいは癒しだ。元来、人間には、さすらいたい（漂白）

	観光（狭義）	リゾート
目的	発見、好奇心、探検	くつろぎ、心地よさ、快適さ
感覚	精神的、父性的	身体的、母性的
	緊張、刺激的、インスピレーション	弛緩、安息巻
場所との関係	旅行、漂白、旅人	定住、転地、準住民
旅行形態	1人、単泊、1回限り	多人数、滞在、繰り返し来訪
空間	父性的、観光資源	母性的、環境
時間との関係	時間を超越する	現在を生きる

図2-1　観光（狭義）とリゾートの概念比較

という本能とよどみたい（定住）という本能が共存しており、人類のほとんどが定住生活を営むようになる中で、この二つの本能の文化化された形態の一つが観光、もう一つがリゾートだともいわれている。

空間移動のイメージとしては、観光（狭義）が、一ヶ所に一泊ずつ宿泊し、移動しながら周遊するのに対して、リゾート活動は、一ヶ所に留まって、二、三泊以上の長期に渡って滞在する、というイメージである（図2−2）。

もちろん、一回の旅行も、必ずしもどちらか単一的な目的ではなく、ある日あるときは好奇心を満たすために「観光」、あるときは安らぎを求めて「リゾート」と共存することもあり得る。同じように、すべての観光地やリゾートと呼ばれる地域が極端に特化した性格を持っているわけではなく、通常は両

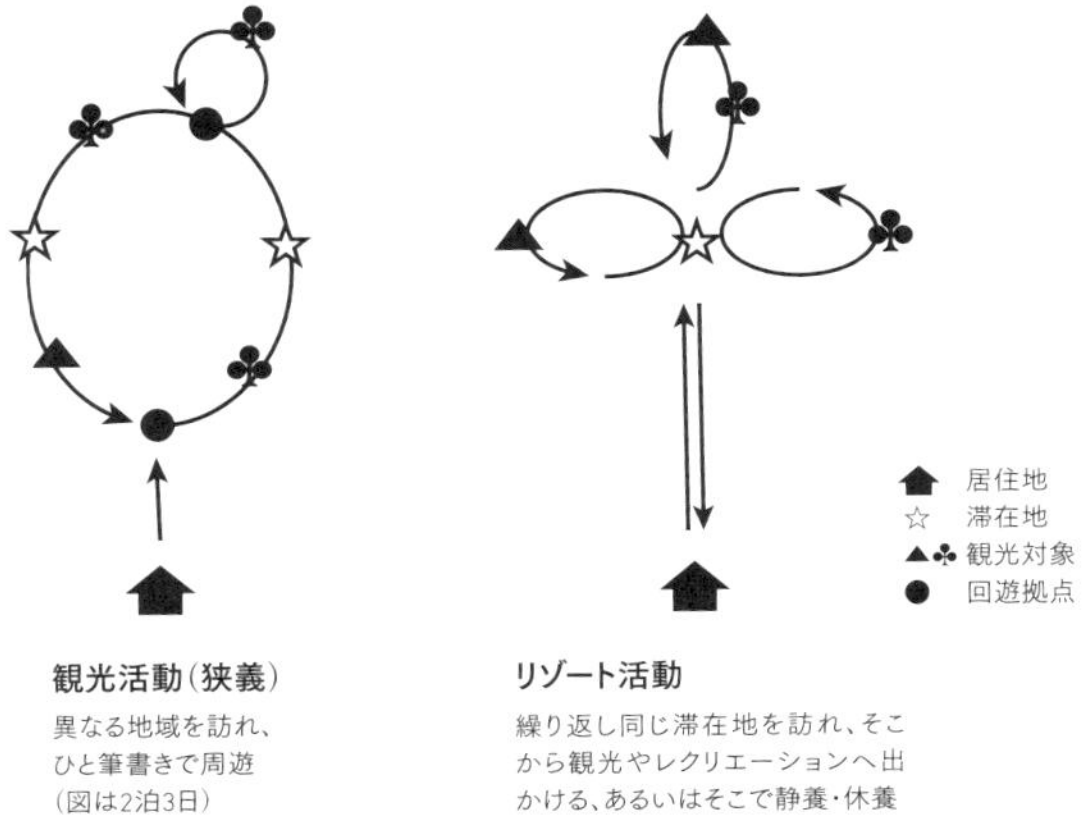

図2-2　観光（狭義）とリゾートの基本型

方の性格がミックスされている。しかし、「観光」（狭義）や「リゾート」を概念として分けて理解しておくことは、「観光」への理解をより深めるのに役立つと思われる。

（3）オルタナティブ・ツーリズムの登場

さらに、前章で触れた新しく台頭してきたオルタナティブ・ツーリズムを、狭義の観光、リゾートと対比しながら、詳しく解説しておく。これは必ずしも一般的なオルタナティブ・ツーリズムの捉え方ではないが、筆者は狭義の観光とリゾートとの中間的観光概念だと考えている。狭義の観光とリゾートについては前述しているが、オルタナティブ・ツーリズムは物見遊山的な狭義の観光とリゾート

	狭義の観光	オルタナティブ・ツーリズム		リゾート活動
		タウン・ツーリズム	グリーン・ツーリズム	
主な目的	〈刺激の享受〉 好奇心、発見、飲食、買い物などの“刺激・緊張”	〈自己実現〉 交流、学習、芸術・文化などの“体験・ふれあい”→多様・複合的		〈自己回復〉 保養・休養等の“安息・弛緩”→比較的単一
対象地域	大都市、有名観光地	地方都市	田舎、中山間地域	海浜、高原、山岳
資源価値	◎	△	△	△
旅行形態	周遊覧・無目的的	非周遊覧・目的的、副次的、“ついでに”	国住地との単純往復、目的的、滞在、生活	長期滞在、繰り返し訪れる、生活
目的地内での移動	比較的長距離 自動車、鉄道など	比較的短距離 滞留、徒歩、自転車など		宿泊地点より位置 徒歩、自転車、自動車など
同行者	友人、カップル、団体	一人、友人、カップル	家族	家族
住民との関わり	少ない	目的にもなるほど期待は高い		生活するので必然的に高い
生活圏との関連	非日常的	異日常的		日常的
具体的な活動イメージ	・美しいものに感激する ・地球、日本を確認する ・美味しいもの、珍しいものを求める ・未知なものに触れる	・知識や教養を深める ・現地の人や生活に触れる ・親しい友達を求める ・予期せぬ出来事を求める	・保養、休養 ・家族の親睦を深める ・田舎生活、農業体験等を楽しむ ・趣味の技術を高める	・保養、休養 ・家族の親睦を深める ・レクリエーション ・仕事 ・リゾートで会う友人との付き合いを楽しむ

図2-3　観光スタイルの特性比較
（日本交通公社編『観光読本［第2版］』東洋経済新報社, 2004年, p.91表を元に筆者が加筆作成）

的要素である保養・休養、さらには交流などをベースにしている両方の特性をあわせ持つ観光スタイルである。代表的なキーワードで表現すると、狭義の観光は〝刺激〟、リゾートは〝自己回復〟で、その中間にあるオルタナティブ・ツーリズムは〝自己実現〟がキーワードとなる。対象としては、狭義の観光は世界遺産など有名観光地や観光資源で、オルタナティブ・ツーリズムではこれまで観光地ではなかった地方都市、農山村となる。オルタナティブ・ツーリズムの活動イメージは交流や体験がメイン。ただ発見や刺激が関連ないというわけではなく、対象が個人の趣味・嗜好に基づいているという特性がある。

また、狭義の観光ではよく非日常的感覚を味わうというが、非日常までいかず異なる日常的感覚、異日常くらいがオルタナティブ・ツーリズム。ちなみにリゾートは生活感を伴うのでより日常に近い。

ただ注意してほしいのは、これらはあくまで理解を助けるための概念的対比であって、実際には、観光行動がこのようにきれいに分けられるわけでもなく、一つの観光旅行の中に、物見遊山的観光、オルタナティブ・ツーリズム的、リゾート的要素や場面がちりばめられている場合が多い。例えば、パリに行けば、エッフェル塔にも登るが、路地裏のマルシェで地元の人との会話を楽しむ。あるいはエステやスパに行って思いっきりリラックスする。これらの活動は来訪回数やそのまちをどのくらい知っているか、日常からどんな趣味・嗜好を持ち合わせているかによって十人十色、いや一人十色の旅のスタイルがあり得るのである。

(4)オルタナティブ・ツーリズムに対応した観光資源の発掘

では、オルタナティブ・ツーリズムへの変化の中、どのように観光資源を発掘したり、

ランク	基準・内容	代表資源名
特A級	わが国を代表する資源で、かつ世界にも誇示しうるもの。わが国のイメージ構成の基調となりうるもの。	富士山、摩周湖、法隆寺、姫路城、祇園祭、阿蘇山と外輪山
A級	特A級に準じ、その誘致力は全国的で、観光重点地域の原動力として重要な役割をもつもの。	芦ノ湖、天橋立、清水寺、高山の街並み
B級	地方スケールの誘致力をもち、地方のイメージ構成の基調となりうるもの。	筑波山、浜名湖、有田焼陶器市
C級	主として、県民および周辺地域住民の観光利用に供するもの。	身延山、石神井池、広島城跡
以下D級～	地域住民の利用。	

図2-4　これまでの観光資源の評価基準
（日本交通公社編『観光読本［第2版］』東洋経済新報社, 2004年より）

再発見したりしなければいけないだろうか。おのずとその対象や選定方法もこれまでとは変わってきている。具体的には、マス・ツーリズム全盛時の観光地のプランニングはこれまで、観光資源の評価は特A級、A級、B級、C級などのピラミッド型のランクづけが一般に用いられていた（図2－4）。

既存の温泉地や街並み観光地でも観光客が求めるものが変わりつつある。温泉地のイメージを分析した筆者らのグループの研究によると、雑誌『旅』の目次タイトルから「温泉」に関連するキーワードを抜き出して変遷を分析したところ、近年、温泉地のイメージは、地域の歴史性や情緒への着目が特徴となってきており、温泉地全体としての雰囲気、すなわち温泉情緒が体感できることが魅力要素となってきていることが窺える。同様の研究手法で、「町並み」に関連するキーワード

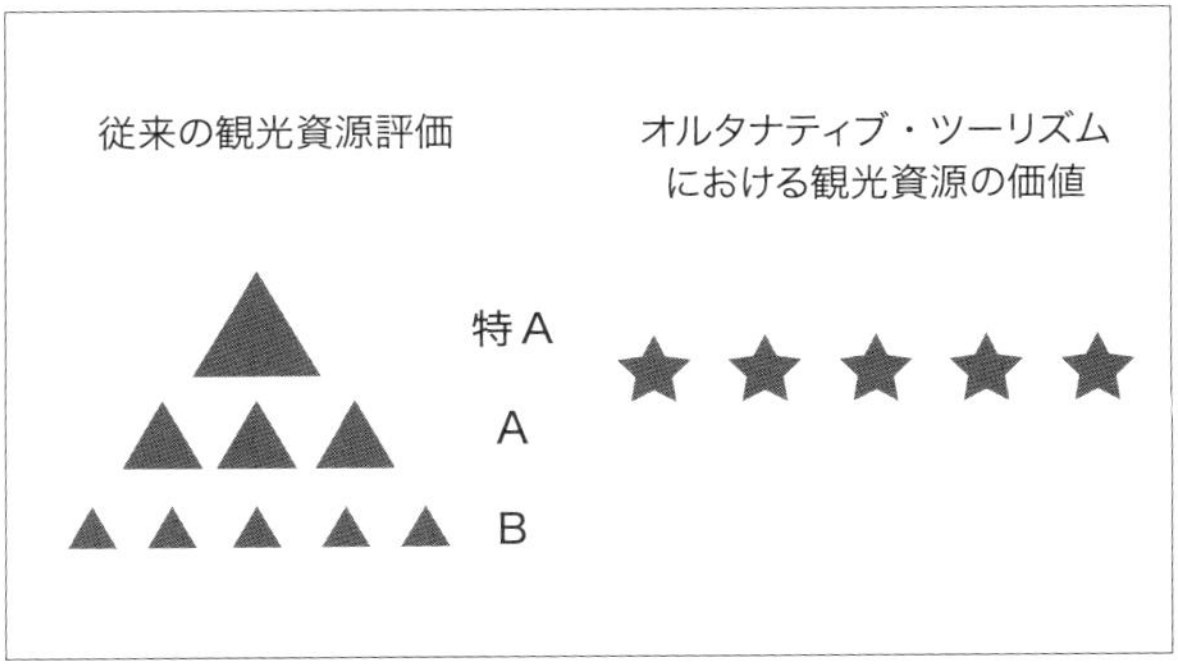

図2-5　観光資源のヒエラルヒーの崩壊

を抜き出して、経年変化を分析したところ、近年、生活感がイメージとして強調されていることも明らかになっている。このように、従来の観光地でも来訪客のまなざしは変化しており、より町全体に、より生活に入り込んできており、地域への影響は避けて通れない観光スタイルがメジャーになりつつある。

かつては観光計画の専門家がその周辺、例えば、駐車場や眺望点、あるいは観光資源をつなぐルートをプランニングすることで来訪者が愉しめるようなしつらえを整備していった。新たな観光資源が生まれるのは、美術館・資料館などの施設建設や新たなイベントの開催による場合に限られていた。

しかし現在は、地元地域の人々だけが関心を寄せていた、あるいは地元の人々もあまりに日常的な存在だったため忘れ去られていたような地域資源を、生活空間も含めた地域全体から拾い上げ、観光資源化することが求められている。

最後に、「旅行」や「ツーリズム」も含めて、「観光」や「リゾート」、「オルタナティブ・ツーリズム」の概念を今一度、整理しておこう。まず「ツーリズム」と「旅行」はほぼ同義語だと考えてよい。そして旅行には、大きく「観光」目的と「ビジネス」目的の旅行があり、さらに、この広義の観光を、物見遊山的「観光」、「狭義の観光」と、保養・休養を目的とした「リゾート」、さらに新しく登場した「オルタナティブ・ツーリズム」とに区別する。

また「狭義の観光」を「これまでの観光」、「オルタナティブ・ツーリズム」を「新しい観光」と呼んで分けて用いる場合もある。実際、現実には「これまでの観光」と「新しい観光」がスパッと入れ替わったわけではないし、「これまでの観光」が終焉してしまったわけでもないので、やや強引ではあるが、理論を明確にするために便宜的に分けてみる。

「観光」という言葉の意味や概念は、多種多様で複雑だ。ただ重要なのは、人間の社会的行為や本能的行動の中に「観光」や「リゾート」、「オルタナティブ・ツーリズム」という言葉でしか説明できない現象や行動が存在するということである。

したがって本書では、まず『歴史』編で、「観光」と「リゾート」に分けて観光の歴史を概観する。次に『展開』編では、第三の潮流である「オルタナティブ・ツーリズム」について、地域を都市部と農山漁村部に分けて、近年のそれらの課題や変容を受け、どのように「オルタナティブ・ツーリズム」が展開されてきているのかについて述べる。最後に、『今後の課題と方向性』編では、主に受け入れる地域側からみた課題と方向性について論じることとしたい。

歴史 編

本書を通底する理念として、観光とリゾートを区別することで新しい観光を理解しようと試みているが、『歴史』編でも、「近世以前」、「近代」、「戦後」の各章で観光とリゾートを区別して扱うこととする。

もちろん、第二章で述べたように、一回の旅行も、必ずしもどちらか単一的な目的ではなく、ある日あるときは好奇心を満たすために「観光」、あるときは安らぎを求めて「リゾート」と共存することもあり得るし、すべての観光地やリゾートと呼ばれる地域が極端に特化した性格を持っているわけではないが、『歴史』編では、両者を分けて述べていくこととする。

◉第三章

近世以前の観光日本史

1. 古代・中世の観光

観光の起源というのは、文献がいつ頃から残っているかということと大きな関係があるが、少なくとも日本のいろいろな古典をみてみると、八世紀の頃には、「風土記」や「万葉集」の中に行楽や遊覧の記録がみられる。詠まれた和歌や記した書きものに残されていたり、いろいろな絵図にも発見することができる。これらは「自ら好んでする旅」であり、観光といってよいだろう。先に述べた新城の「旅の第三段階」に当たる。

平安時代中期になると、律令制度による社会は安定し、平安京に住む富と権力を持った貴族らによって、寺社参詣の旅が行われた。行き先は熊野詣や伊勢参宮などである。平安末期には西国三十三ヶ所巡礼、室町時代には四国八十八ヶ所遍路も生まれた。この

図3-1　宇治平等院鳳凰堂

ような宗教を目的とした旅、巡礼は近世、江戸時代に受け継がれた。また、連歌師や山伏のように職業として旅を続けていた人々もいた。

2. 古代・中世のリゾート

(1) 宇治平等院鳳凰堂

律令時代のリゾートの代表例が『源氏物語』にも登場する「宇治」である。平安貴族を主人公に、彼らの華麗な生活や文化を紫式部が描いたのが『源氏物語』であるが、この中に光源氏の子・夕霧の別荘として描かれたのが宇治平等院だ(図3−1)。宇治は、宇治川・巨椋《おぐら》池と背後の山々がおりなす山河の風光明媚な景観とが相まって、古くから別業が営まれていた場所であった。元来、宇治は狩猟の足場として使われていたが、後に山里の景色を満喫すべく、都では実現できない宇治特有のリゾートライフを楽しむ場へと変化していった。しかし、この藤原頼通が建立した平等院鳳凰堂の最大の目的は、極楽浄土の世界をこの世に再現することであったとされている。都の本邸では容易に実現できない理想的空間のイメージを、場所を変えて求めたということではないだろうか。

⑵ 鳥羽離宮

同時代のもう一つの代表的な別荘が鳥羽離宮である。

十一世紀末に作られた「鳥羽離宮」は、図3－2の復元イラストのようなものであったとされている。上方に平安京があり、そこからまっすぐに延びた道が、「おぐら池」という湖にぶつかるほとりに、いくつかの建物が建ち並び、入り江や水路が巡らされていた。これは人工的に創られたようだが、ゴールドコーストなど現在のリゾートでよく用いられるフィンガー・アイランド方式という開発の仕方によく似ている。価値の高い水際をできるだけ多くとるためで、リゾートに求められるコンセプトの普遍性を物語っている。

図3-2　鳥羽離宮復元イラスト
（杉山信三「一二世紀末の鳥羽離宮」『週刊朝日分科日本の歴史』朝日新聞社, 1987年より）

3. 近世、江戸時代の観光

(1)江戸時代の観光スタイルの特徴

一般庶民が自らの意思で旅に参加できるようになり、旅に遊びの要素が加わったのは、江戸時代になってからといってよい。特に文化・文政年間（一八〇四－三〇）に盛んになったとされる。ところが制度的には、江戸期代は、居住地を離れて移動する際には通行手形を必要とし幕府によって旅は規制されていた。では、どのように旅をしていたのか。実は信仰と医療を理由とする旅は社会的に認められていた。信仰を理由とする旅が寺社参詣で、医療を理由とする旅が温泉湯治である。寺社参詣はときには長距離の周遊観光となり、湯治は長期滞在を伴うリゾート活動である。すなわち、江戸の庶民は観光とリゾートという形態の異なった旅を楽しむことができたのである（温泉湯治については後述）。

江戸時代の観光スタイルを空間スケールでみると、おおよそ、次のパターンのように分類される。

①広域スケールでは、西国巡礼や四国遍路に代表される大規模な巡礼の旅
②中域スケールでは、八景を巡る「風景探勝型」の旅や地方霊場巡り（大山、江ノ島）
③狭域スケールでは、江戸庶民が行楽をかねて行った近郊の社寺巡り（江戸名所：飛鳥山、寛永寺、百花園等）

このように観光が発達した要因としては、次のようなことが挙げられる。

1、江戸時代には、参勤交代の制度化もあって、江戸を基点とした五つの街道（東海道、中山道、日光道、甲州道、奥州道）が整備されていたこと

2、宿場には、大名の泊まる「本陣」「脇本陣」や庶民が泊まる「旅篭《はたご》」が建てられたこと。食事は自炊ですます「木賃宿」も発達していたこと

交通や宿泊施設の整備以外にも、3、生活水準の向上、4、貨幣経済の発達、5、治安の安定、も観光を促進したと考えられる。

逆に、阻害要因としては、

1、幕府や各藩では街道に関所や番所を設けたので、その通行には旅行の許可証と身分証明書を兼ねた往来手形が必要だったこと

2、多くの河川では橋を架けなかったので、旅は容易でなかったこと

の二つが挙げられよう。幕藩体制が阻害要因を作っていたわけであるが、ただ、幕末シーボルトが『江戸参府紀行』の中で「おそらくアジアのどんな国においても、旅行ということが、日本におけるほどこんなに一般化している国はない。〔……〕また、巡礼旅行も非常に盛んである」あるいは「身分が低いほど旅は気まま気まかせ、という言いな

らわしが日本ほどぴったりする国はおそらくほかにあるまい」と述べているように、江戸時代の旅は、西洋人からみて、他の国に比べてかなり自由に見えたようだ。

(2)「講」

江戸時代の庶民の観光は、建て前の上では、神社仏閣の参詣という形態をとっていたが、そこには「講」と呼ばれるユニークな組織が介在していた。

「講」とは「神仏を祭り、または参詣する同行者で組織する団体」のことで、東北の出羽「三山講」、神奈川の「大山講」、四国の「金比羅講」、伊勢の「伊勢講」が有名だ。旅をしない講には、「庚申講」や「富士講」などがある。

特に江戸中期には、一生に一度は伊勢に参詣すべきものという考えが定着していた。そのために、月々の掛け金をもとにして交替して参拝するための組織が作られていた。これを「伊勢講」という。

図3－3は江戸を基点とした伊勢神宮に参詣する伊勢講のコースだが、太線の部分だけが主要なコースで、それ以外はいろいろな所に寄り道している。往路十六泊でまず、とにかく伊勢神宮まで行く。行って戻ればいいのであるが、復路に六十六泊もかけてい

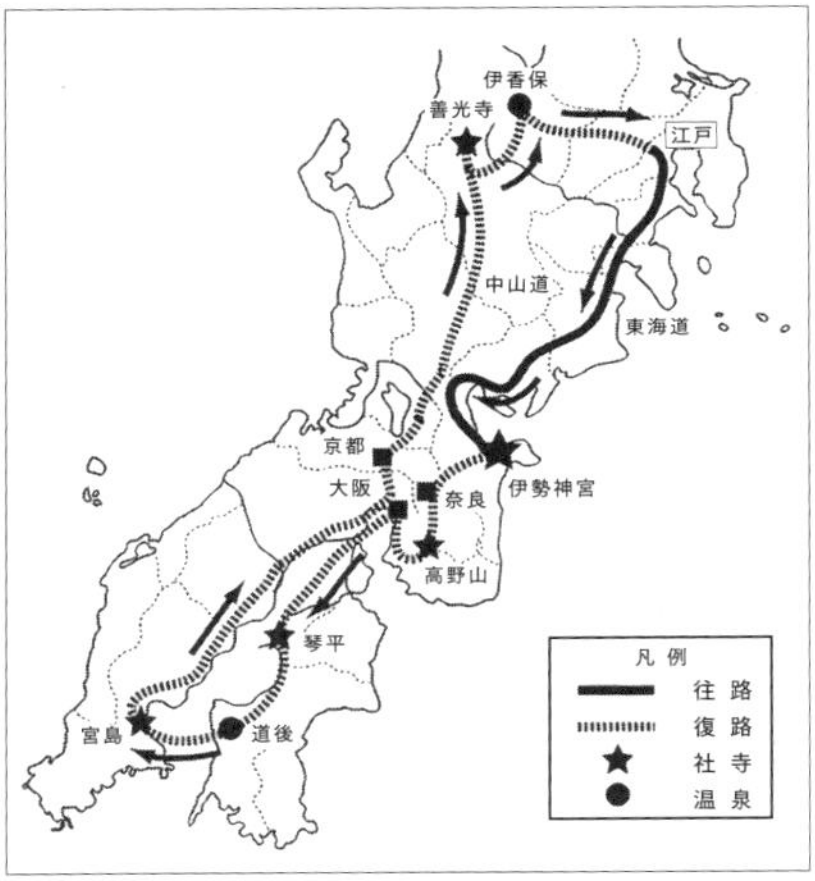

図3-3　伊勢参宮コースの例（橋本俊哉『観光回遊論』1997年より）

る。往路の四倍以上。まず奈良に行って、高野山に寄る。次に金比羅山に行く。さらに、道後温泉に入って、宮島を見て、大阪、京都で思い切り遊んで帰る。復路は、同じ道を帰るのは嫌だからなんていうことで、中山道を通って、善光寺に行って、最後に伊香保に寄って体を休めて帰るという、例えば、こういうコースを辿った記録がある。八十日以上かかっている。大周遊観光であるが、伊勢参りというのは、必ずしも宗教的な意味だけではなくて、庶民のレベルでも一生に一度は日本の各地を見て回るという習慣が江戸時代には根づいていたことを示している。

ここで有名講の一つ「大山講」で江戸時

代には賑わった伊勢原市大山の現在の姿をみてみよう。

相模大山門前町

相模大山は山岳信仰の地として奈良時代以降栄え、庶民の物見遊山が広まった江戸時代頃から門前町が本格的に形成された。全盛期の江戸後期には年間二十万人が訪れていたといわれる。大山には「大山講」があり、それぞれの講が属する先導師（御師）の宿坊に宿泊した。明治以降、鉄道が開通することでさまざまなところから参拝者が来るようになり、門前町は観光地として栄えるようになる。さらに戦後のレジャーブームの中、ケーブルカーの整備（一九六五年開業）などが進むことで大山の登山口として首都圏からの日帰り観光地化した。

先導師旅館は減少傾向にあるが、旅館廃業後に懐石料理や名物料理を掲げた飲食店に業態変更するようなケースが増えていることから、歴史ある先導師旅館の強みを生かしつつ日帰り観光客の需要に対応している。江戸以降の物見遊山で生まれた伝統が歴史文化資源として残されており、門前町という歴史自体が観光資源となっているといえよう。近年では、歴史文化資源に頼らず、現代アートやジャズ・ミュージック、大山焼といっ

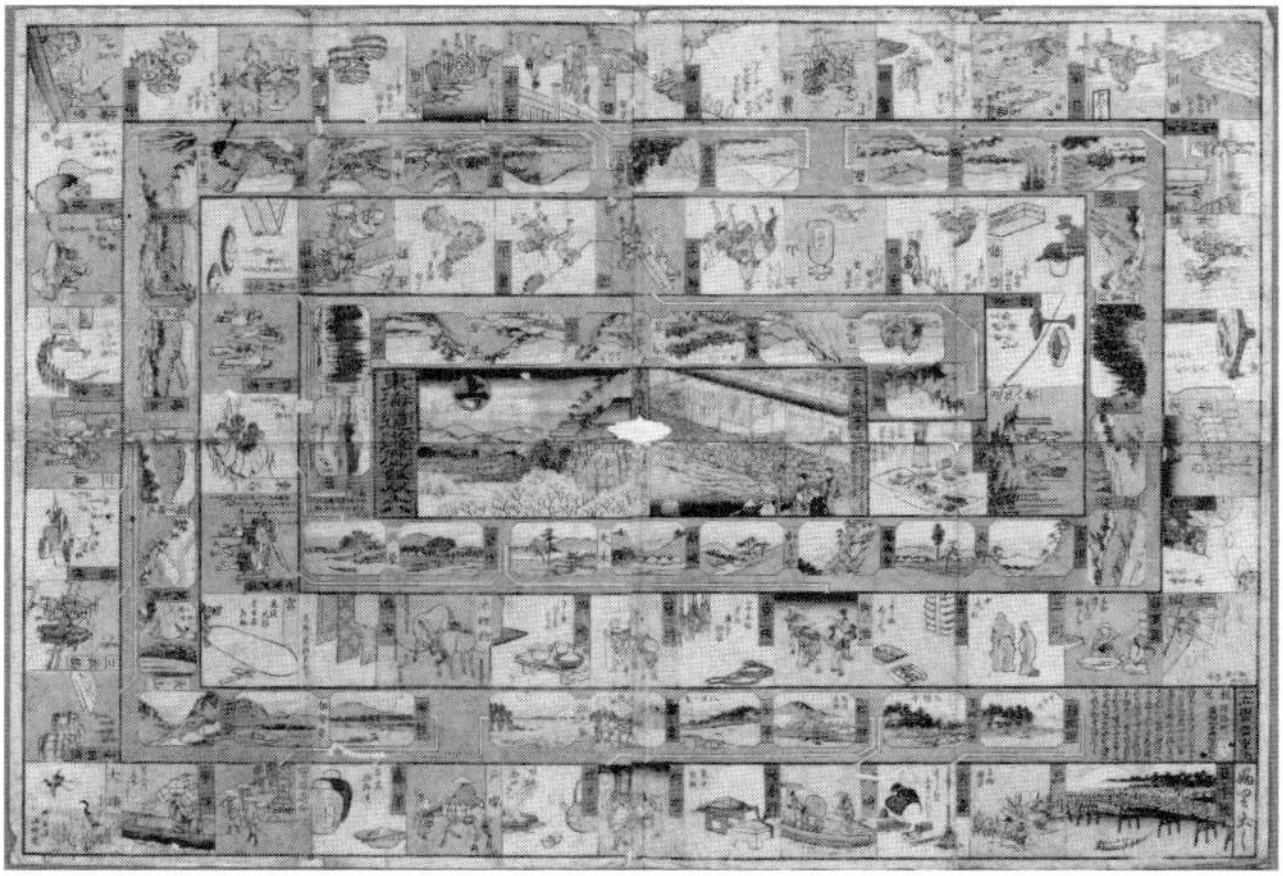

図3-4　歌川広重「東海道遊歴双六」（1852年）

た新たな観光的魅力を作る試みもみられる。

　このように、観光地としては歴史遺産を活かしながら、現在の観光スタイルに対応した変容を遂げている点で興味深い。

(3) 観光案内の普及

　江戸時代の観光の発達の中で、旅行に関係するいろいろなものが出てくる。例えば、観光ガイドブックみたいなものが普及してきた。旅行案内書は最初、旅行携帯用、その後、卓上で楽しむタイプが登場する。中でも江戸前期に刊行された『東海道名所記』は「旅に行かなくとも、読めば自ずと旅をした気分にさせられる本」としてベストセラーになる。また江戸中期以降になる

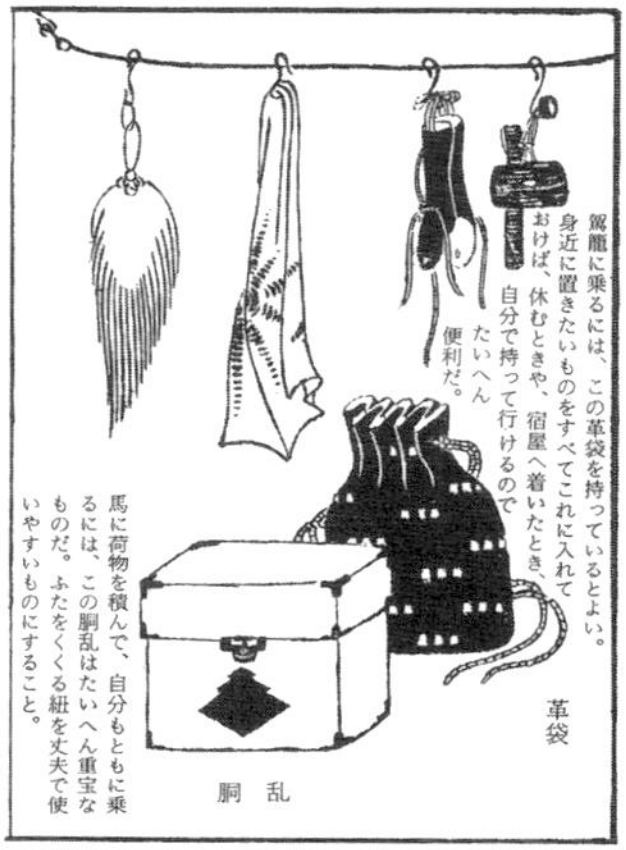

図3-5　江戸時代の旅の心得（八隅蘆菴著・桜井正信監訳『現代訳　旅行用心集』八坂書房, 1993年, p.73より）

と、浮世絵や双六によって道中の楽しさや名所・名物を知らしめた。

図3－4は、日本橋を振り出しに、京が上がりとなっている東海道の双六で、上京のついでに立ち寄るべき名所・旧跡が脇街道として書かれている。分岐点で立ち止まった場合は、脇街道を遠回りすることになる。脇街道には、鎌倉・江ノ島、大山街道、箱根、久能山、伊勢街道などが用意されている。

図3－5の挿絵は、一八一〇年に刊行された『旅行用心集』という旅行の心構え、注意書き、携帯すると便利なものについて書いた本のあるページだ。「駕籠《かご》に乗るには、この革袋を持っているとよい、身近に置きたいものをすべてこれに入れておけば、休むときや、宿屋に着いたとき、自分で持っていけるのでたいへん便利だ」「馬に荷物を積んで、自分もともに乗るには、この胴乱はたいへん重宝なものだ」と旅に持参すると便

利なグッズについて絵入りで説明している。

(4)江戸時代における観光地づくりの特徴

江戸時代の観光地づくりの特徴をまとめておこう。

名数法

日本三景の三景や近江八景の八景などのように名所をなぞらえる「名数法」が流行した。名所をパッケージ化するという当時の観光宣伝の一つの方法ともいえよう。西国三十三ヶ所とか、四国八十八ヶ所巡り、でもそんなに遠くには行けない、そんなにたくさんは周れないという人のために、ミニ三十三ヶ所巡りとか、ミニ八十八ヶ所巡りというのも設定されていた。ミニにもいろいろな種類があって、例えば、御府内八十八ヶ所という都内スケールのものや、浅草の中だけで巡るようなものもあるし、あるお寺の中だけ、本当に小さいが、ミニチュア的な八十八ヶ所を作ったようなものもある。こういうのを「写し」というが非常に流行した。観光客を惹きつけるための地域側の知恵といえよう。

旅行記

十九世紀初めに発刊された十返舎一九の滑稽本『東海道中膝栗毛』も、この時代のベストセラーで二十一年間も書きつがれた。江戸時代に急速に流布した、「道中記」「名所図絵」「絵地図」、旅を題材にした双六や滑稽本は、モデルコースを紹介することになるとともに異なる目的地への立ち寄り、「ついで」を誘発する情報源メディアとなっていた。また旅に参加することのできない多くの人たちは、見ぬ地を夢見て空想旅行を楽しんでいた。

4. 近世、江戸時代のリゾート

江戸時代のリゾートは温泉湯治に代表される。もちろん、温泉に入るという習慣は古代から存在するが、湯治というシステムとして確立したのが江戸時代といわれる。

江戸時代は十七世紀後半になると、次第に文化的に成熟していき、徳川将軍から庶民に至るまで、数週間に渡って一ヶ所に滞在するリゾート活動というべきものも盛んに行

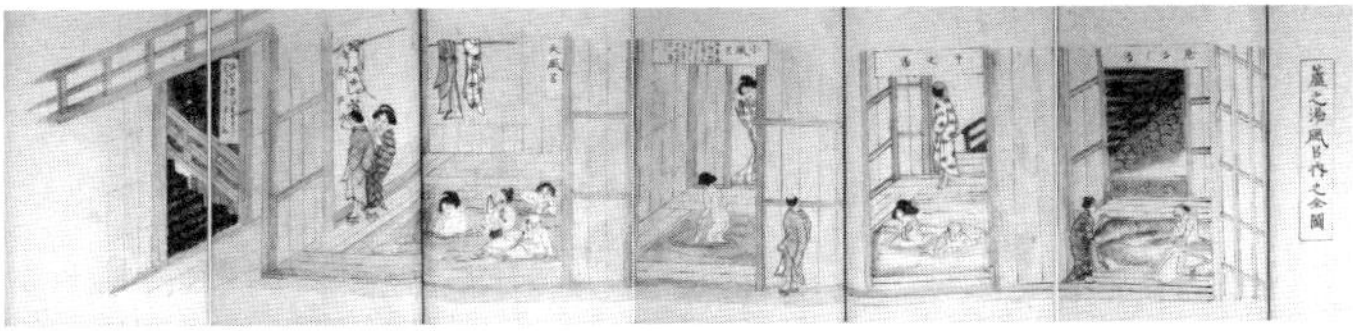

図3-6　底倉つたや旅館伝存『七湯の枝折』「蘆之湯風呂内之全圖」（1811年）

われていた。古くからの温泉地に残る記録によると、当時の一般的な湯治の形態は、今日のように一、二泊のせわしないものではなくて、二、三週間位逗留するのが普通だったようである。五日から八日くらいのほぼ一週間に相当する期間を一廻りと呼び、これを単位として宿賃も決められていた。客もじっくりと腰をすえて滞在し、食事は自炊が原則で、湯治に来るものは皆、米、味噌、醬油を持参し、毎日必要なものや不足するものは現地で調達していた。温泉施設も現在とは違って、各旅館には内湯はなく、湯治客は外部の総湯（共同湯）に入浴した。入湯しない時間には、近くを散策し、釣りを楽しみ、人と会い、地場の伝統工芸品の製作工程を見物するという、いわば、現代のリゾートにも求められる要素を多分に含んでいたものだったようである。

図3－6の絵にある箱根の蘆の湯というところは、江戸時代、文人たちが好んだ湯治場であった。この地にあった東光庵薬師堂は、彼ら文人たちが、句会を楽しんだりする格好のサロンだった。

江戸時代は総じて平和な時代なので、民衆のエネルギーをどういうふうに発散させていくかということは非常に重要な政策課題で、その役割を江戸時代の観光はかなり担っていたのではないだろうか。大衆化することで観光の産業化も進んでいった。もっとも進んだのは、籠などの交通産業と宿泊産業であるが、観光案内などのソフト産業も徐々に出てきた。

地域側でも、信仰の対象地であった門前町や温泉湯治が盛んであった温泉地はもちろん、風景の名所も多く誕生し、観光産業が経済の中心になっている、いわゆる観光地が形成されていたようだ。

◉第四章

近代の観光日本史

1. 近代の観光

明治に入ると、太政官布告により、関所が廃止され、通行手形なしで自由に旅行できるようになった。一八七二（明治五）年に新橋横浜間に開通して以来、一八八九（同二十二）年の東京・神戸間の開通を始め、官営鉄道は幹線を、民営鉄道がその他の路線を整備し、鉄道網は全国各地に拡がり、人々が移動できる範囲も飛躍的に拡大した。

図4－1は一九〇五（明治三十八）年末の鉄道網である。明治三十八年というと国有鉄道法が公布される前年で、東海道・信越・奥羽といった幹線は官営であるが、上野・青森間、山陽、九州、北海道では民営鉄道によって整備されていた。四国・南九州・山陰を除く全国的鉄道幹線網がほぼ完成の域に近づいた時代である。翌三十九年には多くの

図4-1　明治末の鉄道網整備状況（1905年）（沢本守幸『公共投資100年の歩み』1981年より）

民鉄が国営化された。そうした交通の発達とともに、旅館も着実に増加し、旅行のインフラとなる交通手段と宿泊施設、いわゆるアシとマクラが徐々に整備されていった。

もう一つ、観光の発達を後押ししたのが、新しい風景観の誕生である。西洋人によってもたらされたもので、日本人の近世までの自然や風景に対する認識を変えた。一八九一（明治二十四）年、英国の宣教師ウエストンが上高地に入り、日本アルプスを紹介して以来、山岳が美しい風景として認識される

図4-2　探勝景の例：福島県南会津「塔のへつり」

ようになった。山岳は、古代より山岳信仰によって神聖視されていたが、それが、自然美を求める対象ともなったのである。日本アルプスという「名」が西洋の価値観からきていることを表している。

さらに西洋の近代自然科学、アルピニズムなどを背景に、地理学者などによって、一八九四（明治二十七）年発刊の志賀重昂《しげたか》『日本風景論』を嚆矢とし、小島烏水《うすい》『日本山水論』など、日本の風景や自然環境を科学的に論じた著作が次々と刊行された。このことが、山水画の世界や○○三景、○○八景など東洋的な風景美、あるいは花鳥風月に象徴される身近な自然をよしとしていた日本人にとって、自然に対する新たな

図4-3　川瀬巴水の遺作「日本新八景」（1928-9年）より。十和田湖（左）と木曽川と犬山城（右）

認識を構築させることとなったのである。

図４－３の絵は「日本新八景」と呼ばれる景勝地である。一九二七年に大阪毎日新聞社等の主催により一般からの投票をもとに最終的に名士により審査された。山岳、渓谷、瀑布、温泉、湖沼、河川、海岸、平原の八部門について選定された。

その後も、田山花袋・幸田露伴らの文人によるいわゆる「山水」に関する紀行文が、鉄道の発達とあいまって、「風景探勝の楽しみを求めての旅」の国内旅行ブームを呼び起こした。一九二四（大正十三）年に雑誌『旅』が創刊されるなど、旅に関する情報が普及したことが大衆の旅への意識を刺激した。上高地、十和田湖などの雄大な原自然、現在において

図4-4　大磯海水浴場風景（大正〜昭和初期頃か）

日本の自然景を代表する風景は、新しい価値観で見いだされ紹介されて、多くの人々が訪れるようになって定着してきた比較的新しい観光地なのである。

図４－４の写真は、大正から昭和初期頃の大磯海水浴場の様子である。昭和に入った頃になると、東京や京阪神といった大都市圏では私鉄が整備され、寺社や観光地、海水浴場などの比較的近距離な行楽地を結んだ。温泉地を終着駅とする鉄道も地方で多く整備された。このような鉄道の発達は大量輸送を可能にし、人々の旅行を手軽なものにしていった。工業化の進展によって、都市の不衛生・汚れもひどくなり、健康志向が強まったことも温泉や海水浴ブームを後押しした。自炊による

長期湯治客を中心としていた温泉旅館も、一泊二食付のスタイルを取り入れるようになった。東京湾や大阪湾に私鉄の開発による日帰りの海水浴場が次々と誕生した。こうして温泉と海水浴は手軽で大衆的な観光として定着していった。

2. 近代の国際観光、国際リゾート

近代の国際観光は基本的には、外国人が来る、来てもらう観光であるが、開国、開港を経て、次々と外国人が来日した。多くはビジネスが主目的ではあるが、観光も付随的に行われた。

まずは、一八七三（明治六）年、横浜グランドホテル、一八七八年箱根富士屋ホテルなど、外国人相手のホテルが次々と完成した。とはいうものの、未だ攘夷の気風が日本人には残っており、外国人との衝突を避けるために、医療と学術目的以外には外国人に旅行制限を課していた。外客誘致を積極的に展開し出すのはもう少し後である。当時、外国人の旅行範囲は「外人遊歩規定」により居留地から十里（約四〇キロメートル）以内と制限されていたが、日本の国内旅行の制限緩和を求める外国人の要請を受けた政府は、医療もし

くは学術目的に限って認め、さらに「NUMBERED ROUTES」と呼ばれる二十のルートを設定していた（図4－5）。居留地を出発点とし国土の各方面を周遊するものであった。

一八九三（明治二十六）年、渋沢栄一ら財界人は、外国人観光客の来日が増したことを背景に、「貴賓会（welcome society）」という外国人のわが国での観光を世話する機関を設立した。その後、一九一二年には「ジャパン・ツーリスト・ビューロー」が設立されて貴賓会の仕事を引き継ぎ、外国人観光客の接遇にあたった。この時期は、国を挙げて不平等条約の改正を目指し実現していた。それゆえ、文明国としての姿を外国に示すための手段として国際観光政策が採られたのである。

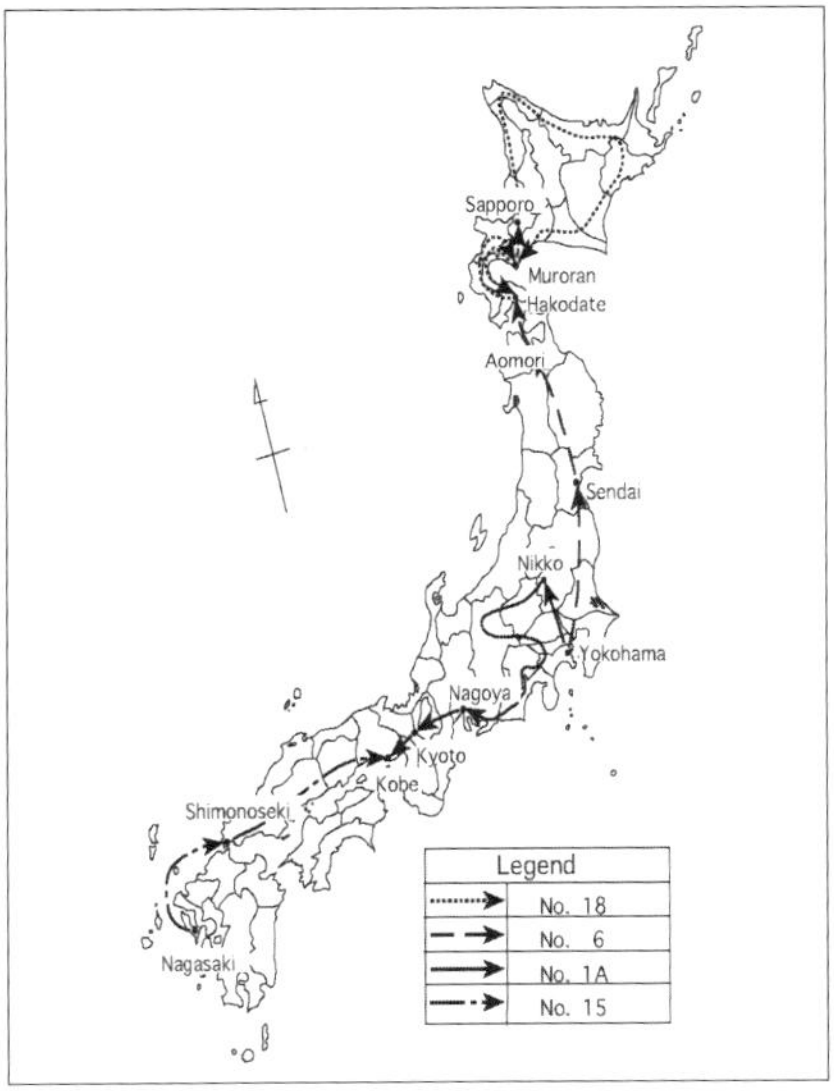

図4-5　「NUMBERED ROUTES」の例

図4－6は喜賓会が設定したモデルコースである。

外国人国内旅行は自由化されて

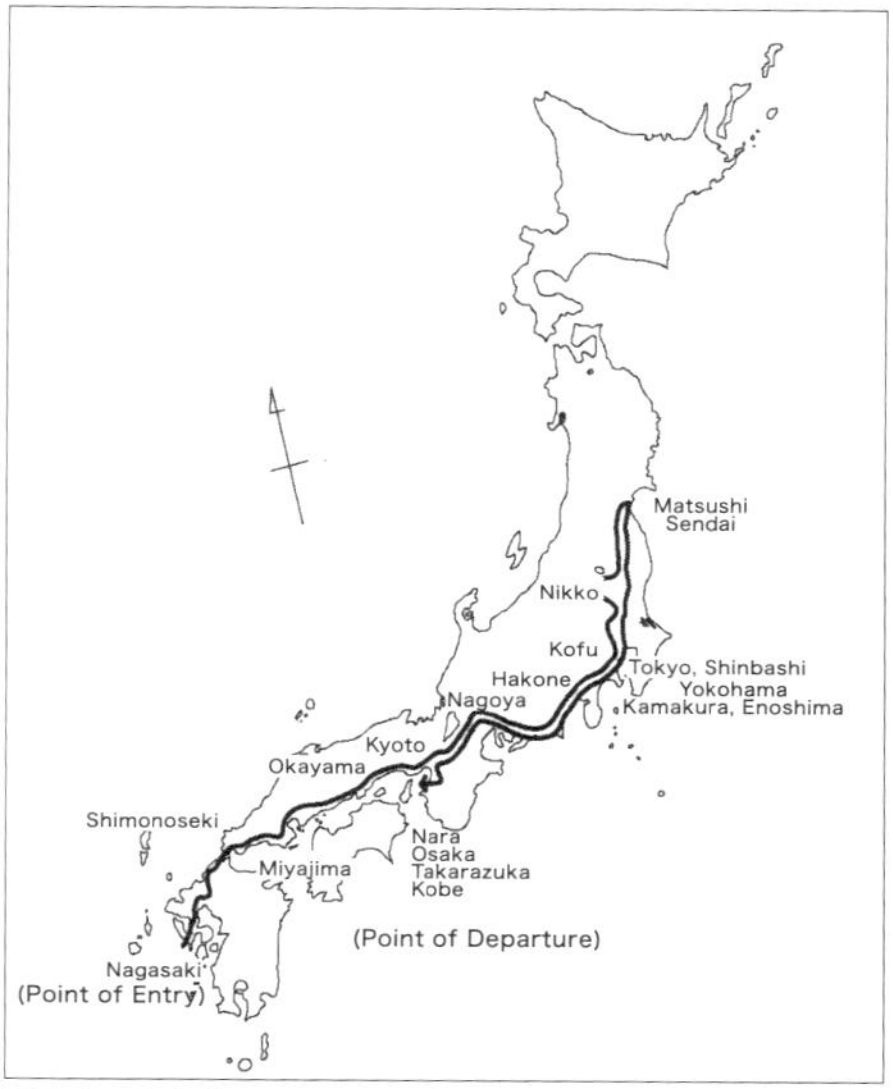

図4-6　喜賓会の示したモデルコース

も、「喜賓会」が選定したモデルコースは存在した。横浜、神戸、長崎の当時の国際港を結び、この前後に登場した国土縦貫鉄道路線（東海道、東北、山陽線等）に沿って仙台－長崎間を観光するもので、特に京都で長い滞在日数が取られていた。

時代は下って、一九一六（大正五）年、大隈内閣諮問機関「経済調査会」が外貨獲得を目的とする国際観光振興策を決議し政府に提言する。国際収支の改善という観点からの国際観光政策実施を、政府が初めて正面から政策問題として取り上げた時期だ。

一九三〇（昭和五）年の鉄道省「国際観光局」の設置により、〝tourism〟の訳語として「観光」が初めて公的に使用された。国際観光局設置の目的も、外国人誘致による外貨獲得であり、第二次大戦直前まで外国人観光客の数は着実に増加していった。しかし、観光局設立後まもなく、日本の対中国政策が軍事色の濃いものとなったため、外貨獲得という目的に、国際観光による親善・理解・友好の効果を意識した国際的孤立の回避という目的が加えられるのである。

さらに、海外宣伝は、戦時色の深まりにより、米国および近隣アジア諸国との国際親善がテーマとなった。宣伝方法は、海外宣伝事務所の設置、日本の庶民の生活文化と風景美をアピールする印刷物や映画の作成配布、マスコミ広告、海外博覧会への参加などだった。また、外国、特に米国からの観光関係者、青少年、学校教師などの招請、さらには東洋観光会議開催による近隣諸国との共同宣伝など多彩な内容だった。特に啓蒙事業に力を入れ、国際観光局は関係業者に対しては海外の観光研究書を意欲的に出版していた。一般国民に対しては観光祭や観光報国週間を開催し啓蒙に努めた。

図4-7　雑誌『ツーリスト』（1922年7月号）

図4－7はジャパン・ツーリスト・ビューローが刊行していた外国人向け雑誌『TOURIST

〈ツーリスト〉』の表紙である。『ツーリスト』は一九一三年に発刊され隔月発刊の雑誌としてスタートした。外国人客向けに外国語で記された媒体は数多くあるが、三十年間にわたり雑誌として継続的に発刊されたものは『ツーリスト』〈全二百六十九冊〉のみであり、観光情報だけでなく日本文化に関して重点的に扱っている点で他のガイドブック類とは異なる性質を持っている。一九二五年からは毎月発刊、一九三六年の七月から一九四二年四月の最終号までは英文のみ発刊となっている。内容は社会情勢から時々の見所、日本文化紹介まで多岐にわたっている。発送先では米国への送付が最多で、当時の国際観光政策の宣伝活動では最大のターゲットとして米国人が据えられていたことがわかる。なお『ツーリスト』には英語以外の外国語で記されたものもあり、対象期間を通じ、英語以外の外国語として一番多いのはフランス語〈一三〉、次が当時日本でも普及させようという動きのあったエスペラント語〈五〉である。一九四二年にはインドネシア語、翌一九四三年にはタイ語と、東南アジアの言語があらわれてくるのは当時の世相を反映しているといえるだろう。

一九三一年には国立公園法が制定された。一八七二年、世界で初めて米国・イエローストーンが国立公園に指定されたが、土地すべてを公園専用としている米国やオーストト

図4-8　川奈ホテルと雲仙観光ホテル

ラリアなどとは異なり、わが国の国立公園制度では、多くの私有地が含まれる地域制自然公園制度を採用した。国立公園法は一九五七年に全面改定され、自然公園法が制定された。国立公園、国定公園、都道府県立自然公園といった現在の自然公園体系が確立された。

国立公園は優れた自然風景地の保護とともに、外客誘致を目的に含んでいた。一九三四年、最初の国立公園として瀬戸内海、雲仙、霧島が指定されたが、これらは外国人への主要ルートと重なっていた。特に瀬戸内海の多島景は外国人にアピールする日本独特の風景だと考えられていたようである。一九三六年までに十和田、日光、富士箱根など十二の国立公園が誕生したが、併せて、国立公園周辺や外人利用の多い夏冬期観光施設を持つ観光地に大蔵省預金部の長期低利融資によるホテルが建設された。

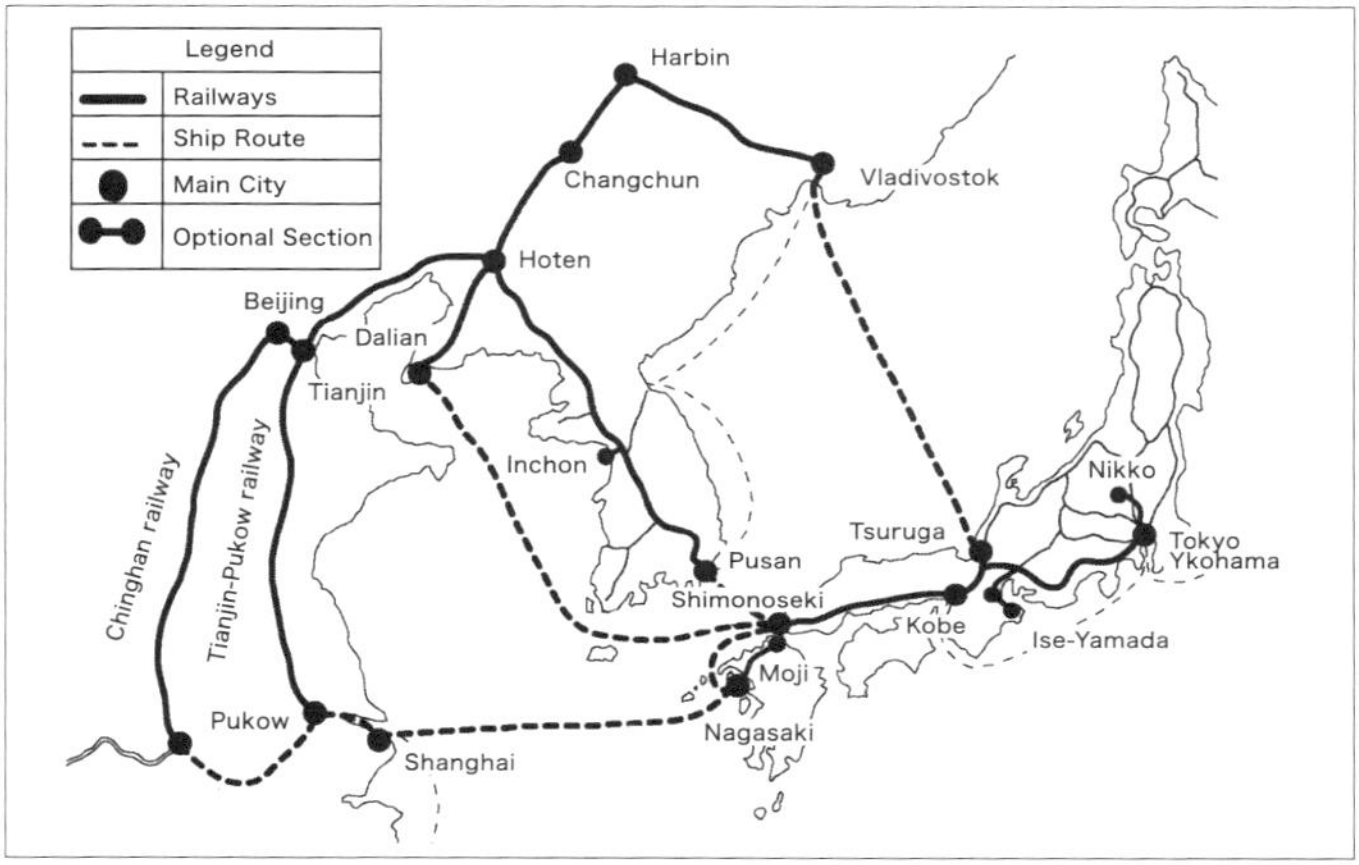

図4-9　日支・日満ルート（大隈内閣経済調査会決議（1916）「国際観光振興ノタメノホテル、國立公園、文化財等ノ整備ニツイテ」より作成）

図4－8の雲仙観光ホテルは、一九三五年に雲仙国立公園の中に開業した。ヨーロッパ・アルプスのリゾートホテルを想わせる。他にも上高地ホテル、川奈ホテル、赤倉観光ホテルなどが現在もその姿をとどめている。当時、リゾートとして開発するというコンセプトも存在していた。一九三四年に国際観光局が出した「国際観光事業経過概要」という報告書の中には、「斯く外人が各地ノ避暑地ニ参リマスコトハサンマーリゾートトシテノ吾国ノ発展ヲ示スモノデ洵ニ結構ノコトト存ズルノデアリマス。」という記述をみることができる。

また、戦時色の強まりを反映して、連絡船を交え大陸と連携したルートも存在した

（図4－9）。平和な現在なら、再度、日中韓の連携による国際観光ルート構想は検討の余地があるかもしれない。

3．近代のリゾート

少し時代は戻るが、近代のリゾートは、西洋からの入ってきた二つのリゾート思想が大きな影響を与え、成立していった。それは「避暑」と「転地療法」と呼ばれたものである。

明治維新を経て、日本は近代国家としてのスタートを切ったが、そうした中、欧米から商人、技術者、医師、宣教師、学者が招かれたり、ビジネスの目的でたくさん来日するようになり、また日本人も欧米に多く出かけ、西洋の文明と文化に触れる機会が多く持つこととなった。その結果、日本にも西洋のリゾートの考え方が輸入されてきた。

（1）避暑

「避暑」の輸入が近代のリゾート形成に大きな影響を及ぼした。転地して暑さを避ける

図4-10 「上野国伊香保温泉繁栄之図」（部分．応需広重筆，明治15年）

というもので、日本の蒸し暑い夏に耐えられなくなった外国人が明治十年代に草津・伊香保といった既存の温泉地に盛んに避暑に行っていた。図4－10の錦絵は伊香保の温泉旅館の様子を描いたものである。椅子に座った洋装の外国人と江戸時代の湯治スタイルのままの日本人のコントラストが興味深い絵図だ。日本人が外国人に倣って遠くに避暑に行くようになったといわれている。

また、宣教師によって新しく開かれたリゾートもある。代表例は軽井沢である。

図4－11の写真は、カナダ人宣教師・A・C・ショウによって一八八五（明治十八）年に軽井沢に最初に建てられた別荘

図4-11　軽井沢のA・C・ショウ別荘（内観、現ショウハウス記念館）

を復元したものである。軽井沢がリゾートとしての歴史を刻み始めるのは、ショウ牧師が布教の帰り道に訪れたときからだ。ショウは冷涼な気候と故郷のカナダに似た高原の風景が気に入り、翌年から毎夏軽井沢で過ごすようになった。軽井沢最初の別荘といわれている。ショウは、軽井沢でも仲間に周辺での別荘の所有を勧め、次第に集まって独自の別荘集落を形成していった。

写真（図4-12）は、今の軽井沢銀座の辺りの一九一三（大正二）年頃の様子である。店名などを記した英語の旗が目につく。外国人の避暑地として発展し、英語で通訳のできる巡査が外国人の保護と取締のために配置されたり、当時の軽井沢は現在以上に

図4-12　軽井沢の街並み（土屋記念館蔵）

国際色に溢れていた。

他にも日光、六甲、雲仙などが外国人に避暑地として見いだされた。

(2)転地療法

では、もう一つの輸入されたリゾート思想、「転地療法」とはどんなものか。文字どおり、転地、場所を変えることによって、気分を変え、健康回復を図ることである。英語ではchange of airという。「温泉浴療法」「海水浴療法」「大気浴療法」の総称で、「日光浴」が加えることもある。当時の最先端の西洋医学であった。西洋医学を教えに来たお雇い西洋人医師や西洋医学を学んだ軍医ら、健康法や公衆衛生に強い関心を持つ人々によって、湘南や箱根、草津などのリゾートで実行された。

当時のわが国では、肺結核や脚気などの病気にかかる人が多く、病弱な体を健康な体に変えたいという人々の願いはたいへん強いものであったようだ。治療の場として高原や海岸のオゾンを含んだ空気がよいとされ、多くのサナトリウムが作られた。堀辰雄の小説『風立ちぬ』で、重症の結核患者である婚約者が転地入院するのは、長野県富士見高原の療養所だ。堀自身も軽井沢で療養生活を送った。

西洋化を急いだ日本の近代の都市は、便利で効率的にはなりつつあったが、一方で、不健康で非衛生的であった。特に大正時代頃になると東京の不衛生な状況が都市問題としてクローズアップされてきた。人々は病気でなくとも新鮮な空気を求めて高原や海辺へ出かけていくようになった。これらの中から海水浴について説明しよう。

海水浴の歴史はそれほど古いものではない。十八世紀のなかばに英国人の医師リチャード・ラッセルが海水浴と海水の飲用は健康によいと推奨し、自ら医院を英国のブライトンに開業したことが海水浴と海浜リゾートの発展のきっかけになったとされている。西洋の海水浴ではBathing Machineと呼ばれる馬車の客車のようなものに乗ったまま海水につかった（図4-13）。当時は女性が肌をさらすことはできなかったのである。

図4-13　Bathing Machine（ブライトン海水浴場，1820年代）

　図4-14は、わが国で最初の海水浴場といわれている大磯の海水浴場の風景を描いたものである。一八八五（明治十八）年に開設された「濤龍館《とうりゅうかん》」という名のいわば和風のシーサイド・リゾートホテルである。その前面に海水浴場が開かれていた。わが国に海水浴が紹介されたのは明治に入ってからで、明治二十年代になると東では大磯、鎌倉、西では明石、須磨といった海岸に海水浴場が次々と開設されたが、当時の海水浴は「潮湯治」と呼ばれ病気の治療法であった。大磯の海水浴場を開いた中心人物は、初代陸軍軍医総監の松本順という医者である。そのスタイルも今日とは大きく異なり、絵図のように岩や鉄棒に捕まって、

図4-14 「濤龍館繁栄之図」（三代歌川国貞, 明治24年）

海水にじっとつかっているだけというものだった。むしろ時間を区切って入るところや波に身体を打たせるところなどは草津などの温泉で行われていた「時間湯」や「打たせ湯」などによく似ていた。おそらく、西洋生まれの海水浴と伝統的な湯治場の入浴法が融合したのではないかと考えられる。

温泉場でも西洋の温泉療法を積極的に取り入れようという動きがみられた。図4－15の絵は、熱海にあった「噏《きゅう》滊《き》館《かん》（吸気館）」という温泉施設で、吸気という名前のとおり温泉の蒸気を吸うことによる治療を目的としている。ドイツから医療機器を輸入し本格的な設備を有していた。医師であった後藤新平の発案によるものである。

図4-15　「噏瀛館（吸気館）」（『熱海鉱泉記』より）

夏目漱石は『吾輩は猫である』の中で、洋風の健康法かぶれが蔓延しているのを猫にたくして次のように揶揄している。「運動をしろの、牛乳を飲めの、冷水を浴びろの、海の中に飛び込めの、夏になったら山の中へ篭もって当分霞を食らえとのくだらぬ注文を連発する様になったのは、西洋から神国へ伝染した輓近《ばんきん》の病気で、やはりペスト、肺病、神経衰弱の一族と心得ていい位だ」。

前述したように、明治も後期になると、温泉浴や海水浴は、病気の治療医方や予防法というよりも、遊び、レジャーになっていた。温泉地と海水浴場も時間距離が短くなったため短期で訪れる観光客が増加した。

夏場には、温泉浴や海水浴は避暑とペアで、すなわち温泉地や海浜で避暑を兼ねて長期に滞在しながら楽しまれた。

大正頃から避暑はますます盛んになり大衆化しており、一九二二（大正十一）年八月十四日の『読売新聞』では「避暑に行くのか、蒸されに行くのか。湘南も房総もお客がひしめく」とその繁盛ぶりを伝えている。また同十四年七月二十一日の同新聞では、「世の中と云ふものは皮肉なものだ。不景気のドン底で生活難の苦痛が喧《かまびす》しいとコボしてゐるかと思ふと縣下の避暑客は暑さの為めドンドン殖えてゆく」と不景気にもかかわらず、増える避暑客に驚いている。

大磯、箱根、軽井沢などの有名な避暑地に関しては、その日の滞在客数や滞在している有名人の名前などが毎日のように新聞紙上を賑わせていた。八月末のなると避暑客の引き上げの状況も報道されていた。当時、高原はまだ、個人別荘を主体にした上流階級の別荘地であり、このような大衆化の受け皿は貸別荘・貸間が整備された海浜であった。

当時の海浜リゾートは、夏の間の一、二ヶ月滞在するというスタイルが中心であったが、徐々に海水浴が滞在の目的に占める割合は低くなり海辺の新鮮な空気の中での休養が重要になってきたようである。気分転換と健康法を兼ねたまさしく〝転地〟であった。

(3) 避寒

避暑に対して、冬場に避寒に行くというのも存在した。熱海・湘南など海浜が避寒地として選ばれていた。熱海では明治十年代から避寒客で賑い、一八八七(明治二十)年に東海道線が開通すると湘南・沼津なども避寒のために滞在する人々が増した。特に熱海は温泉もあるので冬の方が客が多く、避寒のための別荘も多く建ち、避寒リゾートとなっていた。ニース、カンヌといった西洋の有名海浜リゾートも最初は避寒地としてスタートしている。

だが、東京の冬は欧米諸国ほど厳しい寒さではないためか、わが国ではやはり避暑客が主流であった。例えば、一九二五(大正十四)年の葉山では、『葉山郷土誌』によると「避暑客の一〇分の一程度の約三百人が避寒客として滞在していた」とされている。避寒は避暑に比べて一般的でなく、ごく限られた上流階級の人々によって行われていたにすぎなかったようである。

近代になると、人々は国内なら自由に移動できるようになり、それに加えて、鉄道を中心とした交通の発達によって、観光リゾート行動は飛躍的に増加した。また、西洋の文明と文化が多く輸入された中で、観光やリゾートに関しても新しい思想が輸入され、大きな影響を受けた。それまで日本の中では日本的なあるいは東洋的な観光やリゾートが培《つちか》われてきたのであるが、それらに西洋の思想があいまってさまざまな新しい観光へのまなざしやリゾートのスタイルが生まれ、多くの観光地・リゾートが新しく誕生したのである。

◉第五章　戦後の観光日本史

1. 戦後から東京オリンピックまでの国内観光

(1) 戦前からの伝統的観光地

第二次世界大戦前までにわが国で成立していた観光地をまとめておこう。わが国の伝統的な観光地は、おおよそ、次のような地域である。

・平安期の貴族の保養地や農民の湯治場に起源を持つ草津や有馬に代表される温泉地。
・お伊勢参りなど、巡礼や信仰の対象とされた山岳や寺社の周辺に成立した伊勢や長野など門前町。

・外国人によって見いだされた軽井沢や六甲などリゾート地。
・近代の風景観に基づいた山岳、滝、湿原。上高地、奥入瀬など自然探勝地。
・これらがミックスされ、大きな魅力を持った日光、箱根という国際観光地。

しかし、現在の観光地の多くは、戦後の観光の大衆化、レジャーブームやリゾートブームを経て形成されてきた。

(2)観光地発展の要因

戦後の時代に観光が発展したのは次のような要因からである。まず、観光の総需要の増加。総需要が増加したのは以下のような社会経済的背景からであろう。①戦時中の遊びに対する罪悪感から解放された価値観の変化。②家族制度の崩壊による若者と女性による積極的参加。③所得の増加と労働時間の短縮による可処分所得と余暇時間の増大。

また、交通、宿泊施設など観光関連基盤の整備が進んだこともあろう。①自動車の普及、航空網の整備など交通の高速化・大量化。②地域振興策としての観光開発への

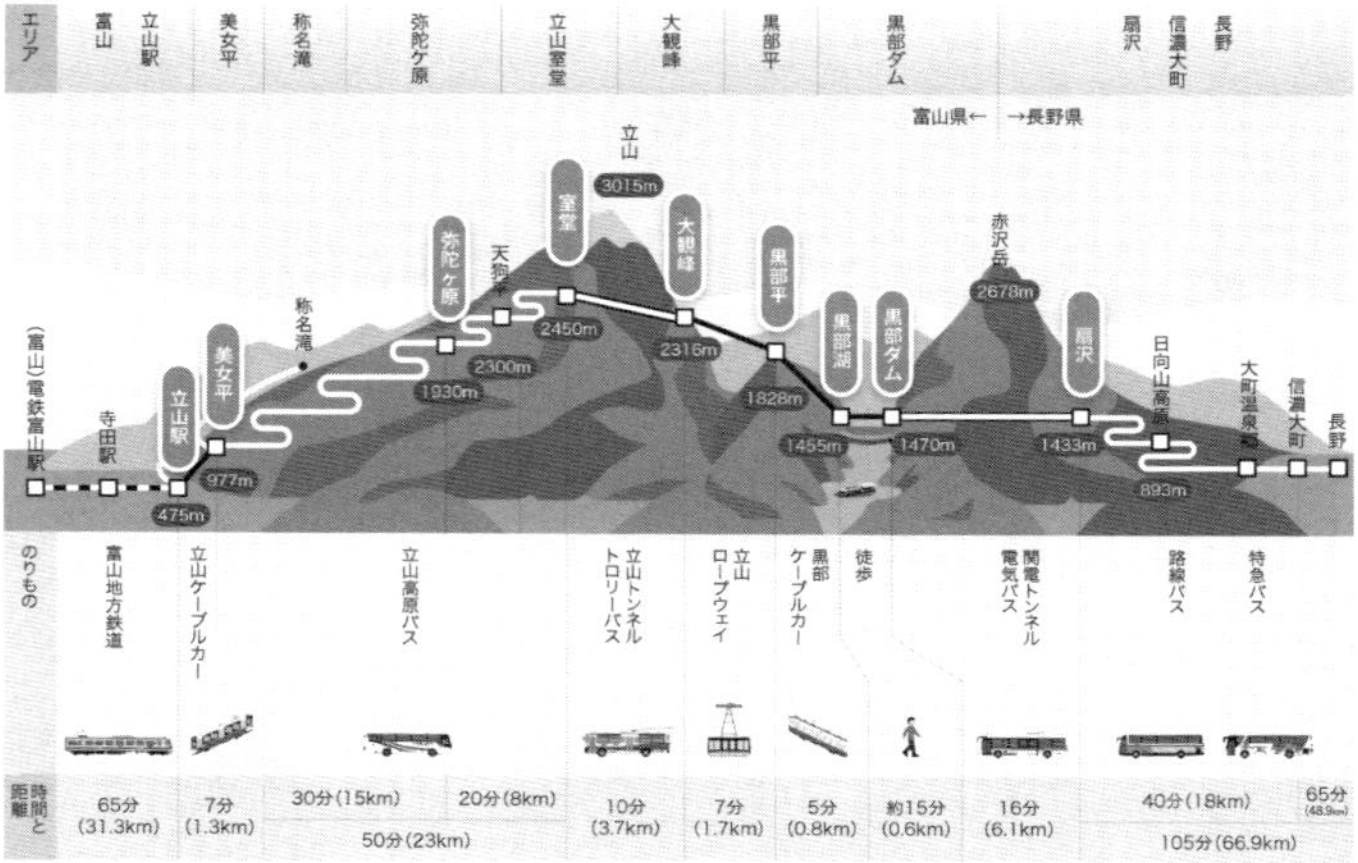

図5-1　立山黒部アルペンルート（©立山黒部アルペンルート）

取り組みの増加。③宿泊施設の多様化、大量化。

さらには、これらを仲介する旅行業者の増加、産業化も大きな要因になった。

(3) マス・ツーリズム時代の到来

戦後、一九四〇年代後半は、消費水準も低く、大多数の国民にとって観光どころでなかったが、五〇年代前半になると、経済が復興するにつれて国民の可処分所得も増加し、観光需要が顕在化した。産業復興を目指し、電力確保のため水資源の電源開発が進められ、それに伴い、山岳地帯では人材や資材運搬のために交通機関が整備された。そのことが後に立山黒部、尾瀬などの山岳の観光地を生み出すこととなった。特に立山黒部では黒部川第四発電所建設に伴い電源開発が本格化し、アルペンルートの元になる交通機関がさらに整備された（図5－1）。

他の地域でも鉄道網の復旧や宿泊施設の整備も進み、修学旅行、海水浴や登山といった観光も徐々に復活してきた。

2. 戦後から東京オリンピックまでの国際観光（一九四六－一九六四）

第二次大戦戦後、わが国の観光政策はまず国際観光から始まった。とはいえ、戦時の空白期を経て、国際観光が復活したといえるのは、一九五二年のサンフランシスコ平和条約発効後で、同年には訪日外国人数も戦前のピーク時を上回る七万人台を記録するようになった。戦後復興の経済的手段として外貨獲得を目的に外客誘致が国策として導入され、一九四八年には観光事業審議会が設置されている。

ところで一九四九年から、国家目的に照らして特別に重要である都市に対し、国の「特別都市建設法」の成立が相次ぎ、戦災復興を主な目的とした「広島平和記念都市建設法」「長崎国際文化都市建設法」が制定された。この法律は観光都市建設にも用いら

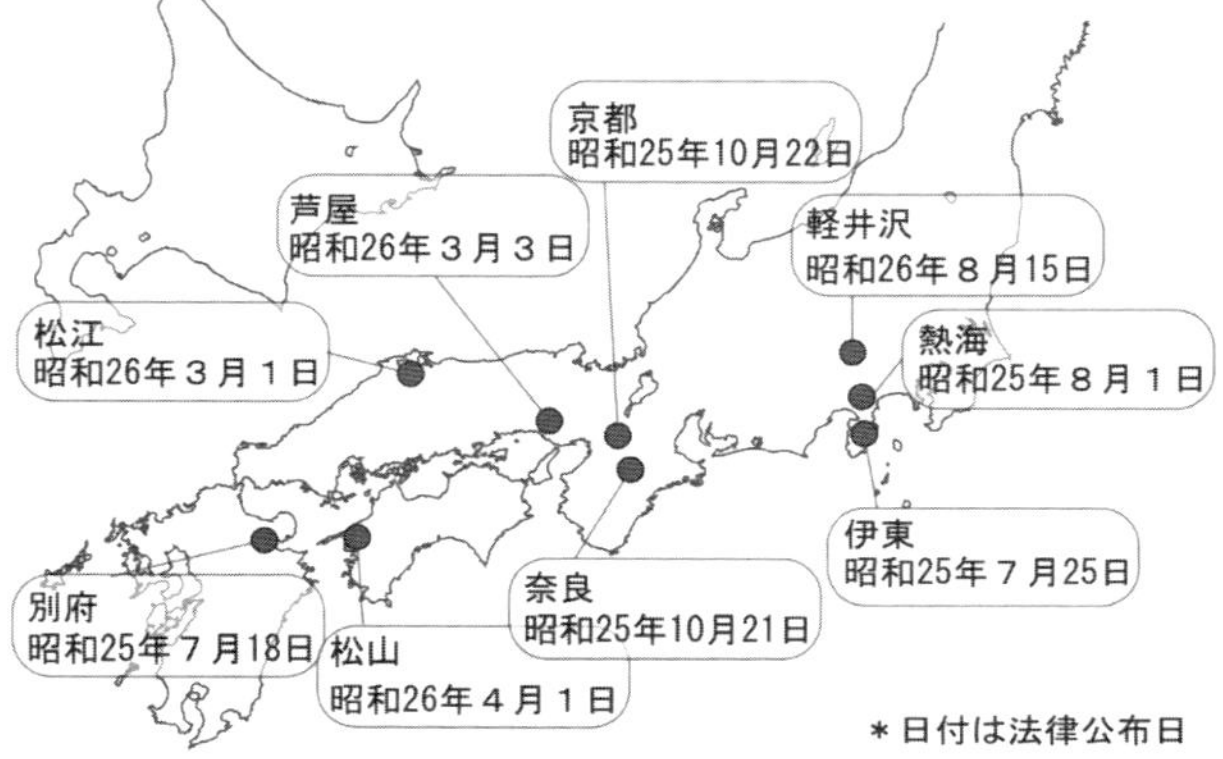

図5-2　国際観光文化都市建設法制定の9都市

れ、まず一九五〇年に国際観光による経済復興を主な目的とした「別府国際観光温泉文化都市建設法」が公布施行される。その後も伊東や熱海など、図５－２にある計八の観光地に対して国際観光都市建設法が議員立法で制定された。

図５－３の鳥瞰図は法制定を目指していた別府市に関して、造園学者の田村剛が温泉都市を大胆に描いたものである。高架道路が多く使われ、レジャー施設に関してもカジノまで揃えている。国際温泉リゾートを目指した構想であろう。また観光ルートに関しては、国際観光の主幹ルートとして、当時政府は観光客の長期滞在を考慮し、瀬戸内海から別府を玄関口とし阿蘇など九州にかけてのルート

図5-3　別府国際泉都計画（法案制定時の計画案）

整備を重要視していた。

このような国を挙げての外客誘致策が功を奏し、戦後十年ほどで、訪日外国人数は着実に増加していった。このような成果がみられたのは、次の三つが大きな要因と考えられている。

①京都や奈良のような神社仏閣が戦災を免れたこと

②一九五一年の日本航空設立、一九五四年の国際線の運行再開、航空機の大型化・スピード化により、空路が大幅に拡大されたこと

③一九四九年の通訳案内業法、国際観光ホテル整備法、一九五二年の旅行斡旋業法

といった観光の基盤整備のための諸立法も進んだこと

なお、ホテル整備の資金不足も手伝って、外客の宿泊施設＝高級ホテルという長い間の固定的図式が崩れ、日本旅館も宿泊施設兼外客用の観光資源として位置づけられるようになる。

この時代の国際観光は国策としてみれば、外国人旅行者の日本人とは異なるまなざしを活かして、既存観光地の活性化というよりはむしろ、新しい観光地を作り出していったといえるのではないだろうか。

3. 戦後のソーシャル・ツーリズムのためのリゾート

戦後になり、しばらくは観光やリゾートに関しては、世界中、動かなかったが、国民が貧しい中でも、旅行に出かけるようになると、欧米諸国は、国民にできるだけ観光やリゾートを訪れる機会を平等に提供することを考え始めた。そのような政策はソーシャル・ツーリズム（Social Tourism）と呼ばれる。

図5-4　ラ・グラン・モット（南仏のラングドック・ルシオン地方）

ソーシャル・ツーリズムとは、簡単に説明すると「国や地方公共団体などが財政的に弱体な階層のために特別な援助を与えることによって、観光を促進すること」をいう。具体的には、鉄道や航空などの運賃割引制度、ユース・ホステルやバカンス村などの低廉宿泊施設の整備が挙げられる。

一九三〇年代に、世界大恐慌による経済不況と失業にあえぐヨーロッパで、政府が社会政策として観光産業による経済振興に注力したのが始まりとされる。一九三六年フランスで、失業者を増やさないため一人当たりの労働時間と給料を減らすべく、週労働時間を四十時間とし年間二週間の有給休暇を認める協定が制定された。世界初のバカンス法である。さらに戦後復興期にかけて、多くの西欧諸国でも同様な法制度が整備され休暇時間も増加した。バカンスを長期滞在型のリゾートで過ごすスタイルが広く浸透していった。「万人にバカンスを！」をスローガンとしたソーシャル・ツーリズム運動に後押しされるかたちで、南仏のラングドック・ルシオンなど政府主導の大規模観光・リゾート開発が行われてきた。

写真（図5－4）は南仏のラングドック・ルシオンの一部で、ラ・グラン・モットというリゾートだ。一九六〇年代に政府主導で開発した大規模リゾートで、ビルのようになっているのは、高密度に建設することで、なるべく安くリゾートを供給しようという意図に基づいている。リゾートが上流階級の専有物から労働者階級へと浸透していく大きなきっかけとなった。

わが国でも、ユースホステル（一九五一年）、国民宿舎（一九五六年）、国民休暇村（一九六一年）といった安くて安心して泊まれる宿泊施設が登場し、ソーシャル・ツーリズムは進展をみせた。しかしリゾート活動への強い動機付けとなる余暇時間を増加に関して特段の政策は打たれなかった点で西欧諸国のそれとは異なる。

戦後日本のリゾートはというと、軽井沢や箱根などの主なリゾートホテルなどは、ＧＨＱによって接収されており、一部の特権階級を除いては、訪れることさえままない状況だった。

ソーシャル・ツーリズムを目的として建設された施設は計画コンセプトなどにはリゾート整備への意欲が垣間見えるが、享受者となるべき労働者階級には長期休暇制度が用意されなかったこともあって、わが国に欧米並みのリゾートを定着させることができなかったのは残念なことである。

4. 東京オリンピック以降の国内観光

(1) 民間資本による開発ブーム

一九六〇年に「国民所得倍増計画」が発表された時期には、温泉地の冬場対策や農閑期の出稼ぎ防止のため、スキー場開発(例えば、苗場スキー場は一九六一年開業)や海水浴場開発も盛んになり、若者や家族向け低廉宿泊施設として「民宿」が登場してきた。民宿は、夏の海水浴、冬のスキーという一季節型の需要に対応した家族労働、農林漁業との兼業を基本とした宿泊施設の形態である。

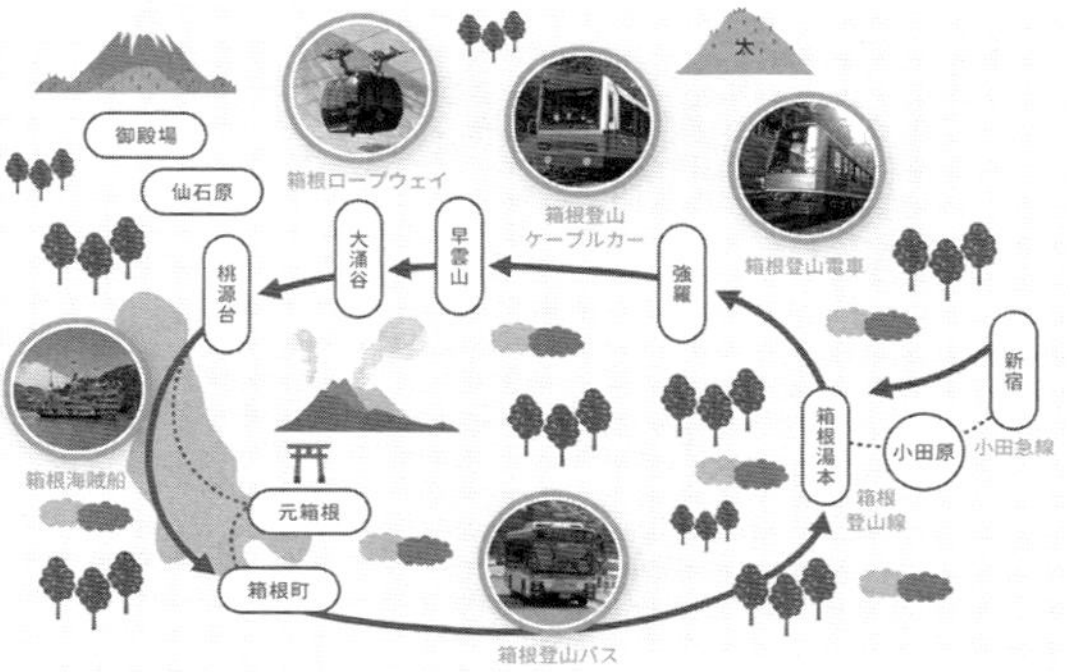

図5-5　箱根フリーパス（小田急箱根HPより）

一九六四年は東京オリンピックが開催され、そこに向けて日本国中の社会基盤の整備が急速に進んだ時期で、わが国の観光・リゾートにとっても大きな転換点となった。オリンピック開催ももちろんだが、東海道新幹線、名神高速道路の開業、日本人の海外旅行自由化などがエポックメイキングな出来事となる。例えば、東京オリンピックに合わせて東海道新幹線が開業し（一九六四年）、さまざまな周遊ルートがつくられた。同時期、鉄道による団体旅行から大型バス、マイカーによる旅行も増え始めた。名神・東名高速道路が開通（一九六五年、六九年）、加えて各地に「観光道路」と呼ばれる自動車専用道が整備され、本格的自動車時代の到来はもう目前となった。

　地域側でも、温泉地では団体客に対応するため旅館の大型化が進んだほか、民間企業、特に私鉄系資

図5-6　南国新婚旅行（昭和40年代の宮崎県）

本によって箱根、伊豆、富士五湖、鬼怒川などで観光開発が進んだ。これらは箱根のように元々温泉地であったりする地域もあったが、そこに熱帯植物園や動物園などのレジャー施設、ゴルフ場やテニスコートなどのレクリエーション施設、遊覧船やロープウェイなどの観光交通が追加されて、一大観光地を形成した。

国内航空路線も充実し始め、一九七〇年のボーイング747（通称ジャンボジェット）就航以降、「大型・大量・高速輸送時代」が到来し、北海道、南紀白浜、宮崎、沖縄など新婚旅行を始め、遠隔地への旅行も普及してきた。こういった地域の観光地化も進んだ。

一九六七年にはマイカーが一千万台を突破し「マイカーによる家族旅行」が定着した。この頃、国民の年間宿泊観光旅行が一人当たり平均一回以上を記録している。

昭和も四十年代に入ると、いわゆる「いざなぎ景気」（一九六五年から一九七〇年にかけての好景気）に乗って、所得が増加し余暇の機会も増え、企業の社員旅行や農協の慰安旅行といった団体旅行が隆盛期に入る。

(2) まなざしの変化

一九七〇年の大阪万博は国民の二人に一人は行ったとされる。国を挙げての一大イベントが、団体旅行から家族や友人など少人数の旅行形態へ変化していくきっかけとなったといわれている。

しかしその反動で、万博終了後の鉄道需要の落ち込みが懸念され、増強した輸送力をいかに販売し増収に結びつけるかが大きな課題となっていた。そうした中、一九七〇年に当時の国鉄による「ディスカバー・ジャパン・キャンペーン」（DJC）が展開される。万博後の旅客誘致策としてDISCOVER JAPANの名のもとに「日本の豊かな自然、美しい歴史や伝統、こまやかな人情を、旅によって発見し、自分自身のものにしよう」という旅のキャンペーンが同年十月から開始された。テレビの普及に代表されるように、生活スタイルや余暇の過ごし方の変化によって旅行の価値が低下しているとの問題意識から、「日本を発見し、自分自身を再発見する」とのコンセプトが提示された。

このキャンペーンは倉敷や萩・津和野など「小京都」に代表される町並み観光、白川郷など、わが国の固有の文化に目を向けた新しい観光地を生み出すきっかけとなった。さまざまな地域が各種の媒体に取り上げられた。三つのメディアの掲載地域を抽出し、近接地域や観光拠点を中心にまとめると百二十一地域になる。登場地域には地方の歴史性や大自然が含まれるものが多く、かつ対象地は全国満遍なく取り上げられていることがわかる。古き良き日本の再発見をテーマに町並みの他、知床のような半島や離島などの手つかずの自然が残る辺境地にも着目していることが読み取れる。

図5-7　「ディスカバー・ジャパン」キャンペーンのイメージポスター（写真：飯塚武教）

有名観光地を含む地域も多い反面、さほど有名でない地域も数多く取り上げられている。中でも三つすべてで登場するのは、「木曾路・妻籠・馬籠あたり」「奈良・斑鳩

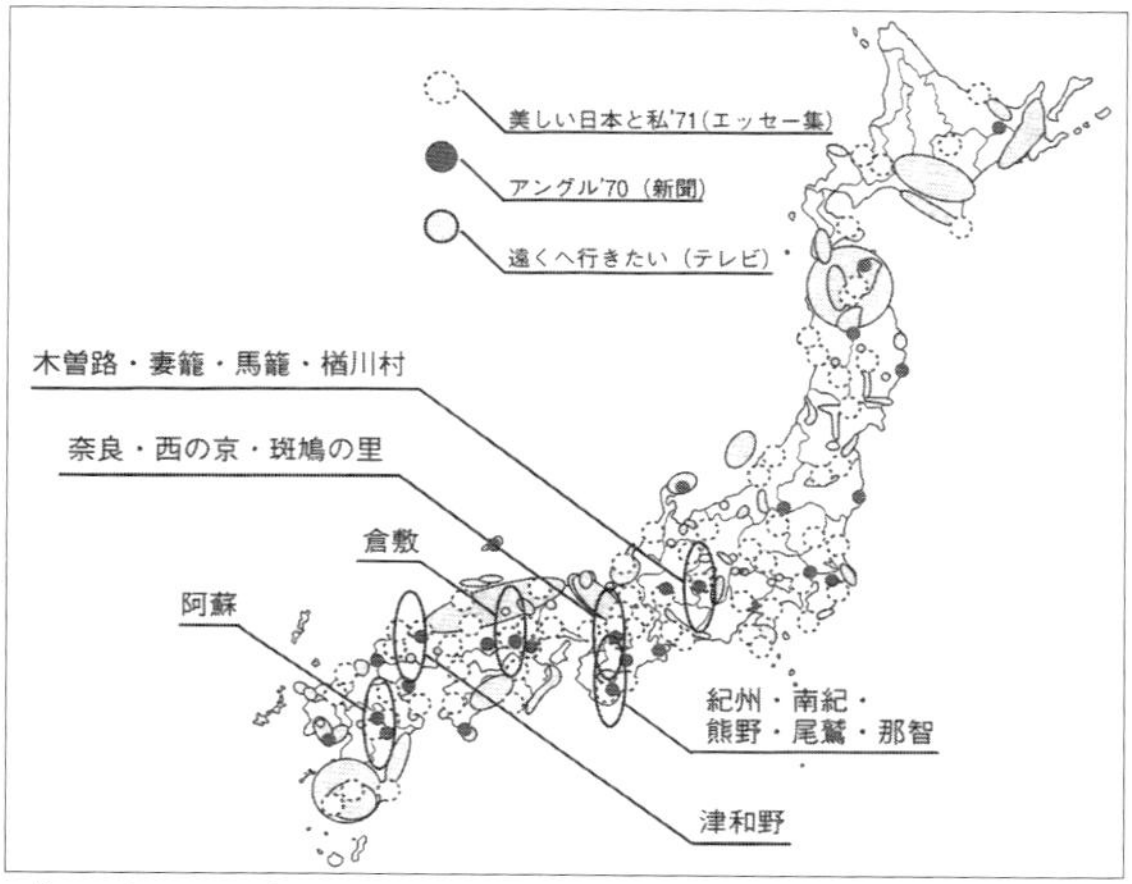

図5-8　ディスカバー・ジャパン・キャンペーンの対象地
(林真希「ディスカバー・ジャパン・キャンペーンの方法及び対象に関する基礎的研究」より)

の里あたり」「南紀・熊野・那智あたり」「倉敷」「津和野」「阿蘇」の六ヶ所だ。観光の対象に着目すると、当時高く評価されていた資源のみならず、現代の新しい観光に繋がる多様さがみられよう。また、キャンペーンの副題は「美しい日本と私」で、「アンノン族」と呼ばれた若い女性の個人旅行スタイルを生み出した。

　従来の観光キャンペーンは、ある特定の観光地を対象とし、旅行者を一点に向かわせるものだったが、DJCではキャンペーン対象地を特定せず、いわば全国津々浦々を対象地とすることで、国民の総旅行需要を喚起しようとした。

　ポスターには印象的な写真とDJCの

図5-9　離島ブーム時の伊豆大島元町港

ロゴ、簡単だが洒落たキャッチコピーが載り、場所の説明はごく小さな文字で記されるのみで、デスティネーションを広告するものとは言い難いものだった。またキャンペーン実施側が女性客を意識していたため、モデルには若い女性が多く登場していた（図5－7）。

都市住民には「自分自身を再発見する」という旅のコンセプトは時代をわかりやすく表現したことで受け入れられ、一方、地方にとっては、それまで注目されることがなかった地域にまで日本中の人々の眼を向け足を運び、地方の抱える過疎、開発、自然破壊といった問題へとまなざしを向けるきっかけともなったとされる。都市・地方の双方にとって「観光」「旅行」の意義を変化させるきっかけとなったキャンペーンだったといえよう。

さらにディスカバー・ジャパン・キャンペーンは、観光の対象が「探勝景」から「生活景」へと拡がっていったきっかけとされている。その後も「いい日旅立ち」などのキャンペーンも打たれたが、これらの一連のキャンペーンは地域固有の生活・文化や地域固有の珍しい自然環境に眼を向けさせ、新しい観光地を創り上げた。

七〇年前後は、まちづくりとしては「町並み保存」の気運が高まりつつある時期であった。そうした目で改めて対象地をみると、古い町並みが残っている地域が多く含まれているのが目にとまる。「秘境ブーム」「半島・離島ブーム」も起こっており、当時のブームを象徴するあるいは契機となったといわれるフォークソング「知床旅情」（加藤登紀子）は一九七〇年、「岬めぐり」（山本コウタローとウィークエンド）は一九七四年にリリースされている。

5. 地域振興策としてのオルタナティブ・ツーリズムの芽生え

農山漁村地域において、〝地域づくり〟を明確に意図して観光に取り組み始めたのは、わが国では戦後しばらくたってからのことであり、一九五〇年代後半からの民宿事業が端緒といわれている。海浜部においては海水浴場の海の家や民宿事業が、中山間部においては上越線沿線や信越線沿線にスキー場ができ、その宿泊基地として季節民宿が相次いで開業されることとなる。

これらは農山村に新しい職を提供することにはなったが、季節変動も大きく、地域産業として大きな雇用力を持つには至らず、副業にとどまっていた。

さらに、高度経済成長期には、太平洋ベルト地帯を中心とする工業化の進展は著しく、多くの労働力を必要としたため、農山村から都市に向けて若者を中心として大きな人口移動が起こった。都市においては人口の集中による過密問題が発生する一方、農山村では主産業の農林業がふるわなくなったこともあって、住民の減少により地域社会の基礎的生活条件の確保にも支障をきたすような、いわゆる過疎問題が発生した。

これに対処するため、昭和四十五年に議員立法により十年間の時限立法として「過疎地域対策緊急措置法」が制定された。この法律では、年率二%を超える人口減少が続く中で、人口の急激な減少により地域社会の基盤が変動し、生活水準および生産機能の維持が困難となっている地域（＝過疎地域）について、人口の過度の減少を防止するとともに地域社会の基盤を強化し、住民福祉の向上と地域格差の是正に寄与することが目的とされた。

しかし、都市と農山村の格差はいっこうに縮まらず、民宿を中心とする宿泊事業に格差拡大解消の期待が寄せられた。そのため、規模拡大、合理化などにより、徐々に通年営業となり専業化、すなわち大衆旅館化するところも増えてきた。

国土計画においても地域格差是正は大きな課題となり、産業政策としても「全国総合開発計画」（一九六二年）における「新産業都市」を端緒に、「新全国総合開発計画」（一九六九年）の下では、地域特性を生かした新しい産業振興のための苫小牧東部地区やむつ小川原などの「大規模工業地区」を全国に配した。ちなみに「観光」という言葉は前面に出ていないものの「大規模レクリエーション基地」構想が生まれ、観光産業による地域振興も企てられた。

一九七〇年代入ると、海水浴やスキーのようなスポーツレジャーではなく、農山漁村の自然環境を活かした観光事業に取り組む動きも少しずつみられるようになる。北海道池田町のワインを活かした地域づくり（一九七四年、ワイン城建設）、大分県湯布院町（現由布市）のイベントによる観光の魅力づくり（一九七五年、第一回音楽祭、牛喰い絶叫大会）が代表例である。

一方、都市と農山村との交流事業については、福島県三島町が一九七五年に始めた「特別町民制度」が端緒であろう。ごく普通の農山村にとっても取り組みが可能な活性化策として注目を集めることとなる。

しかし、こうした農山漁村側の内発的な地域づくりの動きが少しずつみられるものの、依然として、過疎問題は解決されることなく、時限立法だった「過疎地域対策緊急措置法」を引き継ぐかたちで昭和五十五年には「過疎地域振興特別措置法」が制定された。一九七七年には「第三次全国総合開発計画」が制定され、エレクトロニクス技術、バイオテクノロジー、新素材技術などの高度技術に立脚した地方での工業開発の促進を図った「テクノポリス」、地方都市と農山漁村を圏域にした「モデル定住圏」など、工業化・都市化の進む大都市への人口と産業の集中と弊害、および地方での開発の遅れによる地域間の所得格差の拡大を是正することを主目的として、時々の産業の隆盛を見極めながら、地域振興施策はさまざまなかたちで行われた。これらは産業政策としては、世界に類を見ない急激な経済成長を成し遂げるためには有効に機能してきたが、都市と農山漁村の地域格差は解決できなかった。

こうした中央主導の地域づくりに徐々に限界が見え始め、一九七〇年代初頭、「地方の時代」が長洲一二《かずじ》神奈川県知事らによって提唱されると地域主導の地域づくりが胎動し始めた。愛知県足助町の町民憲章、富山県利賀村の合掌文化村構想、長野県南木曾町の妻籠宿保存条例、小樽市の小樽運河研究講座、静岡県掛川市の掛川学事始めなど、開発へのアンチテーゼとして、次々と内発的な地域づくりの動きが活発化した。観光・交流による地域づくりも、多様化しながら、全国的な拡がりをみせることになる。こうした観光・交流による地域づくりは、持続可能性を第一に考えるサスティナブル・ツーリズム的な思想を十二分に含んでいる。そのため、そこを訪れる観光客も自然にオルタナティブ・ツーリズム的な観光スタイルをとることとなる。

第三の観光の萌芽が見え始めてきていたのである。

6. 「日本列島改造論」によるリゾート開発ブーム

一九七〇年代中期以降は、「日本列島改造論」を背景に一大開発ブームが起こったが、観光地の開発とて例外でなく、首都圏近郊では伊豆・箱根、那須、軽井沢、富士山麓、八ヶ岳などの高原や海浜部では別荘地やペンション村などの開発が進んだ。

農山漁村でもスキー場や海水浴場が整備され、旅館・民宿などが次々と建設された。別荘地やスキー場開発などはリゾート的要素を多分に含んだ開発だったが、実需よりも土地投機的側面が強かったため、わが国にリゾートが整備される機会をまたも逸してしまった。同時に国土の荒廃までも招いた。

一方で、国が主導する大規模リゾート開発の構想も相次いだ。旧運輸省の「大規模海洋性レクリエーション基地」（図5－11）、旧建設省の「レクリエーション都市」、旧厚生省の「大規模年金保養基地」などが打ち出された。

図5-10　『日本列島改造論』（1972年）

図5－12は「大規模年金保養基地」が作られた地域を示している。これらのモデルは先に述べたフランスの国家プロジェクト、ラングドック・ルシオンであるが、日本の計画との大きな違いは、フランスの場合は、有給休暇促進制度によって生じるバカンス需要の受け皿として、需要を見込んだ上で地域振興策として南仏・ラングドック地方を開発している点である。一方、わが国の場合、需要を生み出すことをしなかったため、

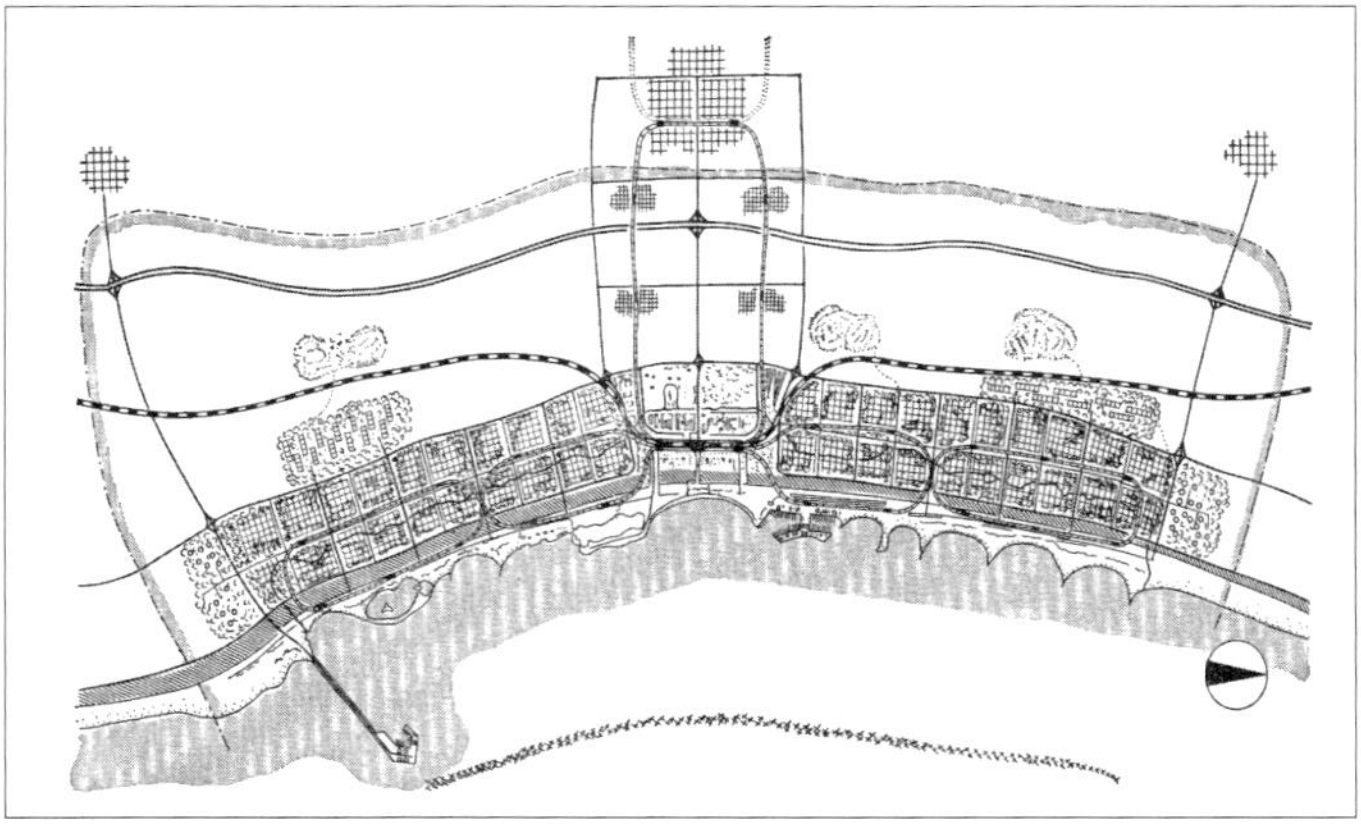

図5-11　九十九里大規模海洋性レクリエーション基地構想

これらの公共の宿泊施設の経営赤字が国や地方自治体の財政に重くのしかかることになってしまった。

好景気に支えられた開発ブームは長くは続かなかった。その後、二回のオイルショック（一九七三年、七八年）を受け、観光旅行のスタイルも「安・近・短」が主流になり、リゾート開発はいったん落ち着きをみせる。

ところで、わが国の戦前からのリゾートはどうなったのであろうか。その戦後の姿を知るために、軽井沢と湘南の戦後の歩みを簡単に振り返ってみよう。

戦後の軽井沢

軽井沢の戦後は、すぐにリゾートとしての

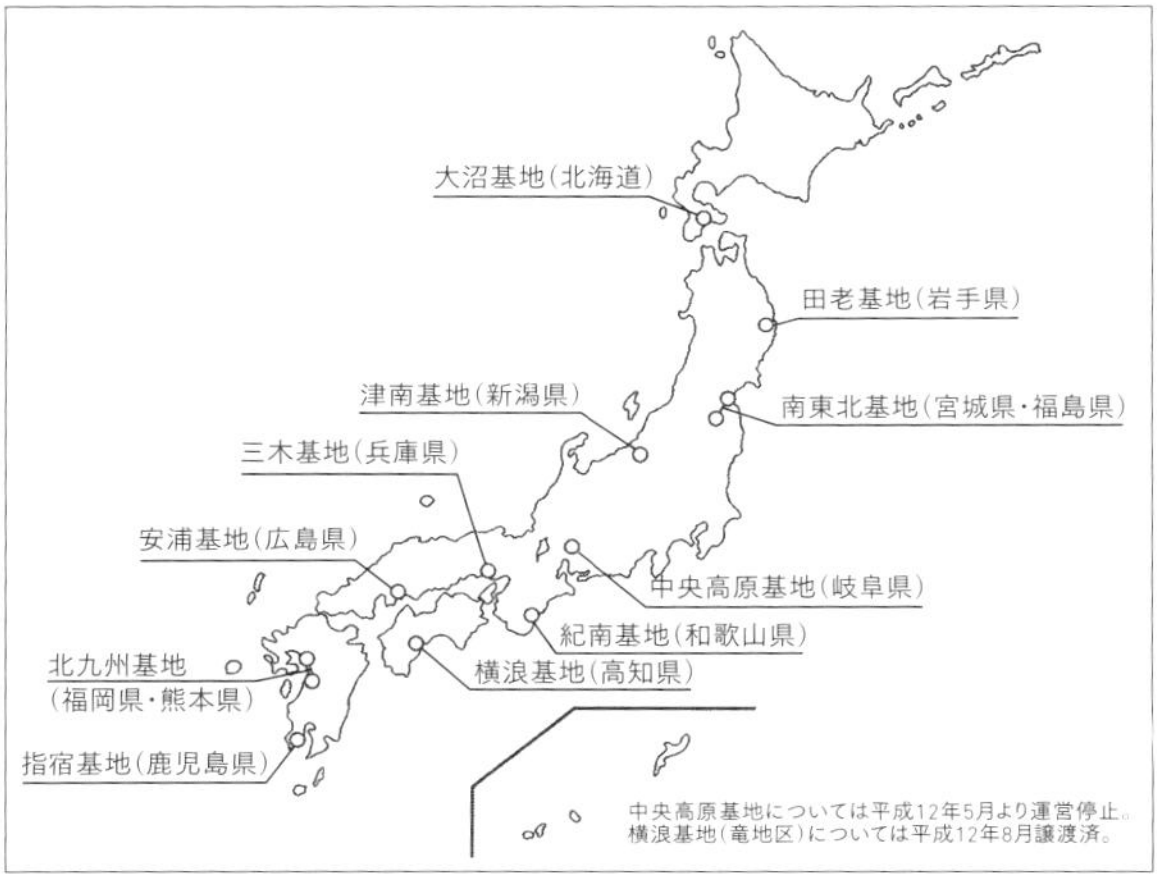

図5-12　大規模年金保養基地の分布

機能が戻ったわけでも現在のように観光地化してしまったわけでもない。一九五六年のスケートセンター開業や一九五九年の皇太子のご成婚によるテニスブームから急速に発展することとなる。

そうした中、多くのミュージアムなどの文化施設、テニスコートなどのスポーツ施設も多く立地する。またリゾート施設の立地範囲も塩沢湖周辺や中軽井沢あたりまで広がっていく。この時期になると、観光を主目的とする人々が増加し、別荘住民や地元住民の間で観光地化への懸念が大きくなっていく。

さらにバブル期に突入するとタレント店の進出や地価高騰などにより軽井沢は変貌

し、バブル崩壊後も一九九三年の上信越道開通、一九九七年の北陸新幹線開通などの高速交通網の整備、それに伴い軽井沢駅南口に大型のアウトレットモールができるなど、外部資本の流入により大きな影響を受けている。近年では、自然体験など買い物以外の新しい観光スタイルも提案されている。一方でリゾートマンション問題に端を発し、軽井沢らしい空間や新たな軽井沢像が模索されている。また、コロナ禍を機に定住民も増え、新しいコミュニティもできつつあるようだ。

戦後の湘南

震災と戦災を大きな契機として湘南地方の定住化は進行したのであるが、特に、戦後は別荘地としての性格を急速に失っていった。

・戦後、旧体制が改革され、別荘も多くが財産税として徴収されたり、売られたりしたこと
・東京、横浜など大都市の住宅・食糧事情が極めて悪かったこと
・これらのことが原因で、戦時中の疎開からそのまま住み着いた人々が多くいたこと

などがその要因であろう。

東海道線がいち早く電化されるなど他の地方に比べて交通網が充実し、暖冬涼夏で風光に恵まれ、かつて高級別荘地であったという好印象が残る湘南地方は住宅地化が一層進んだ。そんな中で、かつての別荘は鵠沼などではほとんど敷地が分割されて一般住宅に、葉山などでは企業などの保養所に利用形態を変えていった。

今日の湘南地域は、高級イメージのある住宅地として、成熟したリゾート都市として高く評価されている。そのような評価に至る背景としては、次のようなことがあると考えられる。

植樹が奨励されるなど積極的に植えられた松は大樹となって残り、砂止めのために造られた石垣や風格ある門構えはよく保存されている。これら別荘地として整備された質の高い環境が空間上の遺産として受け継がれている。

別荘地としての環境イメージが文学などの舞台として数多く紹介されることによってうまく継承されている。代表的な作品としては、戦前には徳富蘆花『思ひ出の記』（鵠沼）、島崎藤村『春』（鎌倉）、戦後も石原慎太郎『太陽の季節』、加山雄三の「若大将シリーズ」、近年ではサザンオールスターズなどがある。

江ノ島、由比ヶ浜など波の静かな弓形ビーチが存在し、葉山、逗子などでマリーナが建設されるというようにその後もレクリエーション基地としての魅力が付け加えられ、現在もマリンスポーツ基地として高いポテンシャルを持っている。

このように湘南で先行的に行われたリゾート開発は、後の住宅地としての成熟に大きく寄与したといえる。

7. バブル景気によるリゾート開発ブーム

一九八〇年代に入ると、バブル景気が到来し、またもや開発ブームが起こり始める。テーマパーク隆盛時代の幕開けとなる東京ディズニーランド、長崎オランダ村が一九八三年に開業する。

この地方の開発ブームを引き起こしたのは、バブル景気と「総合保養地域整備法」（通称リゾート法、一九八七年）、「ふるさと創生事業」（一九八八年）とされている。バブル景気を背景としたスキー場・ゴルフ場開発などこれまでにない大規模な観光・リゾート開発計

図5-13　総合保養地域整備法の指定地域

画が進んだ。

図5－13は、リゾート法承認地域であるが、結果的に多くの計画は実現せず、失敗に終わっている。その原因はさまざま指摘されているが、大きな要因は、この日本地図からわかるように承認地域が四十一道府県に及ぶという非常に多くの地域の構想を、需要を無視し承認してしまったことであろう。

リゾート開発による乱開発の反省

これらの開発は地方振興の期待を背負って行われたが、一方

図5-14　宮崎シーガイア（宮崎市観光協会HPより）

で、性急かつ無秩序な開発により自然破壊や景観問題が全国各地で引き起こされた。

また、宿泊施設の過剰な供給と設備投資は、九〇年代後半からの長引く景気の低迷の中で経営を圧迫し、多くの地域で今に至る大規模旅館の廃業、施設の放置などの問題が顕在化することともなった。地方自治体の中には過剰投資がたたり、財政破綻に追い込まれるところも現れた。こうしてまたもやわが国でのリゾートは幻に終わった。

リゾートについては、今日に至るまで、整備される機会は二度のほどあったものの、いずれも投機対象とされるだけで、国民に真のリゾートライフを提供することはなかったといえるのではないか。結果的にわが国では、リゾートの大衆化は促進されず欧米諸国のようには根づくことは現在までなかった。

8. 東京オリンピック以降の国際観光（一九六四年―二〇〇〇年）

一方、一九六四年の東京オリンピック、一九七〇年の大阪万国博覧会といった国際的なイベントの開催は国際観光を盛んにした。一九六三年には観光基本法が公布されている。翌一九六四年、日本人の海外渡航が自由化され（ただし外貨事情が悪かったため、年一回）、日本人による海外旅行も急速に増加した。一九六五年に最初のパッケージツアー、ジャルパックが発売された。一九七〇年には日本人の海外旅行者数が訪日外国人数（八十五万人）を上回り、日本の国際観光は転換期を迎える。

国際観光政策の柱であった「外貨獲得」という言葉は、すっかり姿を消し、代わりに「国際親善」が国の観光政策の重要課題となってきている。その後、オイルショックなど景気の低迷もあり、日本発の海外旅行者数も伸び悩んでいたが、景気回復とともに伸びをみせ、一九八六年には五百万人を突破した。この頃になると、日本経済の貿易黒字を旅行収支の赤字で減らそうという意図もあり、旧運輸省は日本人の海外旅行者数を五年後に倍増させる「海外旅行倍増計画（The Ten Million Program）」を提唱した。四年後の一九九〇年に早くも一千百万人に到達している。その後も、円高基調も手伝って海外旅行者数は湾岸戦争時を除き増え続けた。

一方、訪日外国人数もアジアからの旅行者の増加により伸び続けた。一九九〇年には韓国、台湾からの旅行者が米国を凌ぐ数になった。

旧運輸省は、海外に紹介する価値のある観光資源がある観光地であって、外国人旅行者受け入れ体制の整備に熱心な地域を「国際観光モデル地区」として一九八六年に指定した（図5–15）。当初は三十六地区が指定されたが、結果的には、効果的でインパクトのある政策とはいい難いものだった。総じてこの時期、あまり熱心な外客誘致策は採られなかったといえよう。

一九九〇年代、特に後半以降、バブル経済が崩壊し景気が低迷する。そうした中、インバウンド観光政策も活発化し、一九九六年「訪日観光交流倍増計画」（ウエルカムプラン21）策定、一九九七年「外国人観光旅客の来訪地域の多様化の促進による国際観光の振興に関する法律」（いわゆる「外客誘致法」）制定といった動きがみられる。一九九四年には

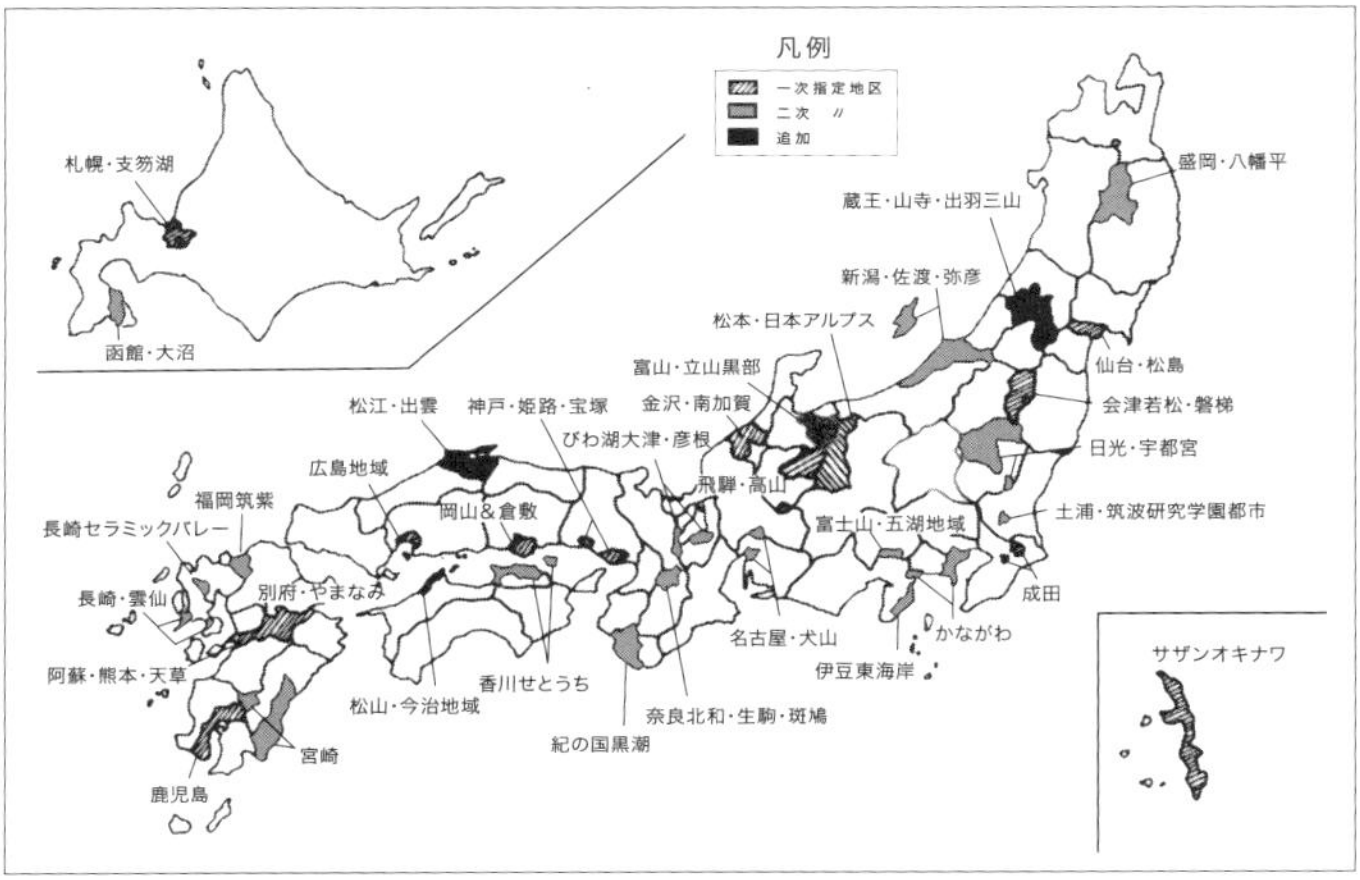

図5-15　国際観光モデル地区

「国際会議等の誘致の促進および開催の円滑化等による国際観光の振興に関する法律」も制定されている。これまでのインバウンド観光政策と異なるのは、「外客誘致法」、「コンベンション法」は地方振興を重視している点である。東京、京都・奈良以外の地方への拡がりを標榜し、外客誘致の目的に地方の活性化が挙げられており、明治以降のインバウンド観光政策の大きな転換が模索されつつあったといえる。「訪日観光交流倍増計画」策定以降、日本の経済不況を打開する基幹産業としての期待も込められ外客誘致が活発化していく。

　また国土の中で空間的に概観してみると、「外客誘致法」の中で、広域観光ルートの形成及び海外宣伝に適した地域を「外客来訪促進地域」（いわゆる「国際観光テーマ地区」）として位置づけ、関係地方公共団体が「外客来訪促進計画」を策定し、国土交通大臣の同意を得て、計画的かつ総合的にその整備を図ることとしている。具体的には、「我が国固有の文化、歴史、自然等の優れた観光資源を有する地域と、外国人観光旅客の利用に適した宿泊施設が十分存在し、宿泊の拠点となる地区を有機的に結び、三〜五日間程度で周遊できる一つの特色あるテーマに基づいた広域観光ルートを整備する」としている。

しかしながら、一九九八年に策定された国の国土政策の指針である「二十一世紀の国土のグランドデザイン」における観光の扱いは、「国内外からの観光等の交流を振興」とは謳われているものの、具体的な地域との関連性はみられず、特に大都市や地方中枢都市に関連する施策としてはまったく登場しない。また、地域の高速道や空港整備の計画においても観光需要に対する期待は大きく周辺地域の観光振興は謳われるものの、国土全体での観光ルートの設定やバランス、どこの地域で重点的に観光産業をリーディング産業としていくかなどは論じられていない。いわば国の方向性を空間化、地域化した国土政策においては、ほとんど観光政策と呼べるようなものは登場しなかった。

9. 国際観光の復活（二〇〇〇年以降）

（1）国策としてのインバウンド観光の推進

二〇〇二年六月に「経済財政運営と構造改革に関する基本方針２００２」が閣議決定され、日韓共催でFIFA WORLD CUP 2002が開催されたこともあり、外国人旅行者の訪日を促進する「The Inbound Tourism Initiative of Japan」が国土交通省を中心に策定される。日本人の海外旅行者が約一千六百万人であるのに対して、わが国を訪れる外国人旅行者は、その三分の一以下である約五百万人に過ぎないことから、その格差をできる限り早期に是正することを第一義的目的とし、「二〇一〇年に一千万人の訪日外国人誘致」という具体的政策目標も掲げられる。この動きは小泉政権樹立後により本格化する。

二〇〇三年一月、当時の小泉首相は、国会の施政方針演説において、日本を訪れる外国人旅行者を二〇一〇年に倍増させることを目標として掲げた。この年二〇〇三年は「訪日ツーリズム元年」と位置づけられる。同年四月には「ビジット・ジャパン・キャンペーン」〝ＹＯＫＯＳＯ！　ＪＡＰＡＮ〟が始まり、九月には観光立国担当大臣が任命されるなど観光政策をめぐる動きは急速に早まった。

同年の訪日外国人旅行者数は、ＳＡＲＳの影響で四〜六月にかけて激減したが、その後回復し、ＷＯＲＬＤ ＣＵＰで史上最高だった前年度を上回る数字を示した。この時期の政策の特徴は、国と地方自治体と民間企業が連携して行う事業が多く提案されていることにある。これは現在の日本の政策および事業が、観光関連に限らず、中央政府から地方自治体、民間企業に徐々に委譲してきていることと関連していると推測される。ほぼ四半世紀ぶりに経済活性化策としてインバウンド観光政策が取り上げられたのである。

二〇〇五年一月の施政方針演説では、「二〇一〇年までに外国人訪問者を一千万人にする目標の達成を目指します」という発言があり、具体的な目標実現に向け動き出した。首相自らが出演するプロモーションビデオの作成、各国へのキャンペーン体の派遣等多種多様に展開されている。推進体制としては関係府省及び地方自治体、民間企業等、官民が一体となった「ビジット・ジャパン・キャンペーン実施本部」も開設されている。

二〇〇六年には「観光基本法」を全面改正し、観光を二十一世紀の日本の重要な政策の柱として明確に位置づけ、観光立国を推進するため「観光立国推進基本法」が施行された（施行二〇〇七年）。この新しい基本法に基づき、観光立国の実現に関する諸施策の総合的かつ計画的な推進を図るためのマスタープランとして「観光立国推進基本計画」が策定されている。

そして計画を推進していく組織として、二〇〇八年十月、わが国初の観光庁が設置された。いまや観光はわが国の基本政策の一つであり、国をあげての「観光立国」を目指した取り組みが急激に進展している。

「観光立国推進基本計画」には、観光立国の実現に関する施策についての基本的な方針や目標とともに、「観光立国推進基本法」で政府が総合的かつ計画的に講ずべきと示された施策などについて定められている。簡単に概要をみてみると「基本的な方針」として四点を挙げている。

・国民の国内旅行及び外国人の訪日旅行を拡大するとともに国民の海外旅行を発展

図5-16　観光庁「観光立国の実現に向けて」

・将来にわたる豊かな国民生活の実現のため観光の持続的な発展を推進
・地域住民が誇りと愛着を持つことのできる活力に満ちた地域社会を実現
・国際社会における名誉ある地位の確立のため平和国家日本のソフトパワーの強化に貢献

計画期間は、五年間とされていて、さらに具体的な数値目標が掲げられていた。例えば、訪日外国人旅行者数は二〇一〇（平成二十二）年までに一千万人にすることを目標とし、将来的には、日本人の海外旅行者数と同程度にすることを目指した。これらの数値目標には、国の強い意欲は感じるものの、当時の実感としては到達が難しく感じられた。

さらに政権交代後も、平成二十二年六月の閣議決定した新成長戦略における「7つの成長分野」と「21の国家戦略プロジェクト」の中で、四番目に「観光立国・地域活性化戦略」が挙げられ、主な目標として「訪日外国人を二〇二〇年初めまでに二千五百万人、将来的には三千万人にし、その二千五百万人による経済波及効果約十兆円、新規雇用五十六万人」と述べられていた。特に力を入れていたのが外客誘致、外国からの訪日外国人数を増やすことであり、一千万人が目標数値であったが、二〇一五年には、訪日外

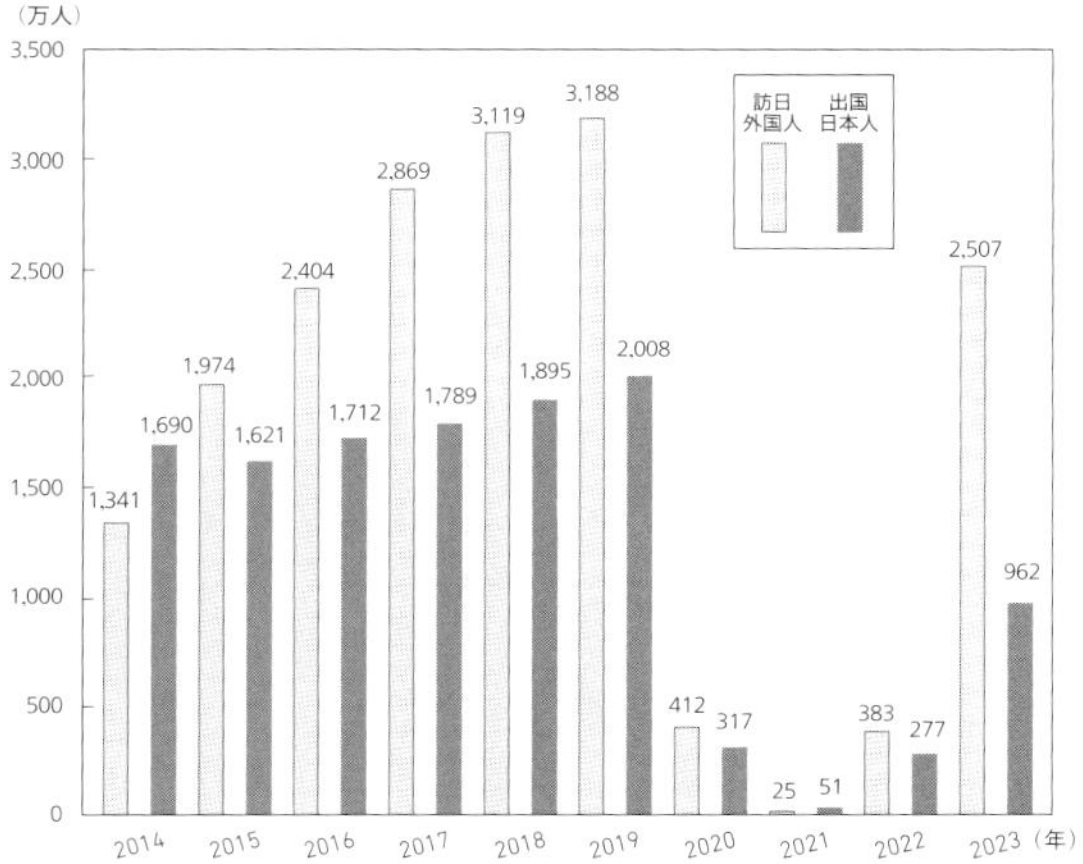

図5-17　訪日外国人旅行者数と出国日本人数の推移（令和6年版観光白書より作成）

国人旅行者数と出国日本人数が一九七〇年以来四十五年ぶりに逆転し（図5－17）、コロナ流行前には訪日外国人旅行者数は三千万人を超えており驚かされた。二〇一六年版観光白書では、訪日外国人旅行者数が増加した主な要因として次のような事柄を挙げている。

○経済環境：

アジア新興国等の経済成長により海外旅行者数が増加していること、円安方向の動きにより訪日旅行への割安感が拡大していること、燃油サーチャージの値下がりにより航空運賃が低下していること、クルーズ船の寄港が増加したことなど。

◯日本への国際的注目度の高まり‥

二〇二〇年東京オリンピック・パラリンピック競技大会の開催決定、「富士山」や「富岡製糸場と絹産業遺産群」、「明治日本の産業革命遺産　製鉄・製鋼、造船、石炭産業」の世界遺産登録、「和食」や「和紙」の無形文化遺産登録など。


◯訪日外国人旅行者の拡大に向けた施策展開‥

首都圏空港の発着枠拡大、ビザの大幅緩和や外国人旅行者向け消費税免税制度の拡充、ＣＩＱ体制の充実等、政府全体として取り組んだ施策の成果。


◯継続的な訪日プロモーション‥

桜のシーズンに加え、紅葉や雪など新たな訪日シーズンの創出・定着化に向けた訪日プロモーションの実施、また、東京周辺やゴールデンルートに次ぐ需要を創出すべく、訪日外国人旅行者の地方への誘客を図るため、諸外国の主要駅など訴求力の高いエリアで我が国の地方の観光魅力をＰＲする広告を掲出するなど、これまでの継続的な訪日旅行プロモーションの効果。

さらにコロナ禍前には、二〇二〇年には訪日外国人旅行者数四千万人、二〇三〇年には六千万人という政府目標を掲げた。それまでの増加率から考えると、二〇三〇年の六千万人は難しいかもしれないが、二〇二〇年の四千万人は達成できそうな勢いであった。コロナ禍がなければ達成されていただろう。コロナ禍後の回復も早いであろうと思われる。

しかし、本当に数の議論、経済の議論だけでよいのだろうか。本質的な観光の意義と役割を今一度、確認しておく必要がある。

(2) 国際スキーリゾートの誕生

このように、外国人観光客が多く訪れるようになると外国人で溢れかえる地域は、京都、奈良、鎌倉といった観光地だけではなく、国際リゾートともいうべき地域が形成された。スキー場を中心としたリゾートエリアである。

ちなみに、わが国におけるウインタースポーツの人気は減退傾向にあり、中でも一時期盛んに開発されたスキーリゾートの再生が大きな課題となっている。他方、訪日外国人数は増加基調にあることを生かし、一部地域ではアジアや欧米からの外国人客がスキー客数の減少に歯止めを掛けるのに貢献していた。

早くから国際化し代表的な地域は、北海道ニセコ地域である。他にも、白馬、野沢温泉など長野県の市町村でスキー場を中心に多くの外国人客が訪れ、国際リゾート化している。

ニセコ

北海道虻田郡倶知安町およびニセコ町からなるニセコ地域では、多くの外国人客が訪れることにより、減退傾向にあったスキーリゾートが復活した。

ニセコ地域は一九六一年にスキーリフトが建設され、七〇年に冬季国体でスキー競技大会の開催、七二年の倶知安町「スキーの町宣言」と、スキーリゾートとしての知名度を古くから上げてきた。スキー場の入込客数は増減を繰り返しながら全体としては増加し、九一年にピークを迎えていた。その後、入込客数は減少傾向になっていったが、九五年にロス・フィンドレー氏がウォータスポーツ事業を始めるなど徐々に新しい動き

図5-18　国際的なスキーリゾート／ニセコ（WEBサイトNISEKO UNITEDより）

もみられた。二〇〇二年頃から外国人客の急増し、そのことがニセコ地域の地域社会にも町の空間にも大きな変化をもたらした。豪州人観光客が急増し、〇四年に豪州系企業が花園スキー場を買収したのをはじめ、オーストラリア人の動向が地域に影響を与え始めた。近年は香港、中国資本の参入などもあり、他国からの来訪客も増加し、今や世界的な国際スキーリゾートとなっている。

わが国における国際リゾートは戦前の軽井沢や雲仙に萌芽をみることができるが、戦後はそうした流れは途絶えていたといってもよい。外国人主導とはいえ、我が国に国際水準のリゾートが久しぶりに生まれたのである。スキー場の雪質や設備といった資源が国際リゾートなるに足る水準にあったことが証明されたといえよう。北海道や沖縄などの山岳や海洋の自然資源の豊かさを考えると、わが国の国土に国際的なリゾートはもっと成立してもよいのではないだろうか。

(3) わが国の代表的な観光地

戦後、二十世紀後半に誕生した日本の代表的な観光地を、今一度、タイプ別にまとめておこう。

・レジャーブームやリゾートブームの中で民間資本によって開発された箱根・伊豆、富士五湖、那須、鬼怒川などのレジャー基地。
・航空機の登場により開発された北海道、沖縄など遠隔地のリゾート。
・一九七〇年からのディスカバー・ジャパンを契機にして、地域の固有の文化・生活への注目から観光地化した高山、萩・津和野、白川郷などの町並み観光地。
・雄大な自然を背景とした立山黒部、阿蘇などの国立国定公園。
・地域固有の自然環境が、秘境・半島・離島ブームへとつながった知床、屋久島などの原自然観光地。
・さらには、何度かのブームで開発されたスキー場を核としたリゾート。
・最後に、バブル景気頃ブームとなった東京ディズニーランド、長崎オランダ村をはじめとするテーマパーク。

以上のように、おおよそ、戦後のマス・ツーリズム、リゾート開発時代の観光地・リゾートは分けられる。そしてこれ以降、バブル崩壊後であるが、オルタナティブ・ツーリズムに対応した観光地が次々と生まれる。

展開編

観光の第三の潮流である「オルタナティブ・ツーリズム」について、便宜的に地域を都市部と農山漁村部に分け、まず、近年の人口減少や産業の衰退などの課題や変容について述べる。次に、「オルタナティブ・ツーリズム」がどのような地域資源を生かして、都市部では「タウン・ツーリズム」として、農山漁村部では「グリーン・ツーリズム」として展開されているのか、わが国の事例を中心に解説する。

◉第六章

都市でのオルタナティブ・ツーリズムの展開

1.　これからの都市づくり

そもそも「都市」とは何だろうか？　「都市」は中国から輸入された言葉ではなく明治に入ってからのわが国での造語と考えられている。「都《みやこ》」と「市《いち》」という語が合成されている。まさに「みやこ」という言葉に由来する「政治・行政・宗教・文化・経済・軍事の中枢拠点」としての機能と「いち」に由来する「人・物・金・情報の交流拠点」としての機能の二つを兼ね備えた所である。

しかし、戦後のわが国の都市づくりは、効率性・明確性が重視され、混沌や曖昧さは退けられた。結果、全国に個性に乏しい都市ができ上がった。「都市」の語源に立ち返れば、二つの語のうち、「都《みやこ》」に都市づくりの重点が置かれ、「市《いち》」は軽んじられてきた。

本来、「市《いち》」は人・物・金・情報の交流における混沌や曖昧さから土地土地の新しい文化や技術を産み出す役割を担ってきた。

「市」が軽視される時代には、都市における観光的魅力は醸成し得ない。なぜなら、経済効率を追求する都市整備は、観光的魅力にとってもっとも大切な、その土地に培われた歴史や文化によって形成される個性をうち消してしまうのである。

本書の冒頭で述べたように、わが国は現在、総人口が減少に転ずるという大転換期を迎えている。都市間で差異はあるものの、大雑把には都市への人口集中は収束し「過密と混乱した利用」はある程度終焉すると予測される。これまでの都市づくりの大前提が崩れ、都市づくりは新たな局面を迎えたといってよい。

そうした今、多くの都市で積極的な観光政策や「観光まちづくり」と呼ばれる観光を取り入れたまちづくりが行われている。こうした現在の都市づくり、まちづくりの方向性として観光が重要視されてきている状況を、東京都を例にとって、もう少し具体的に政策的な動きから確認しておこう。

まず、東京都の観光政策の流れを観光担当部署の変遷によって追ってみる。

東京都の観光担当組織は、戦後まもなくの一九四七年には総務部に観光課が置かれていた。観光講座を開くなど、復興の経済支援策として、国際観光を中心に積極的な政策展開をしようとしていたことが窺える。その後、都市基盤整備との連携を意識されてから建設局公園観光課の所管となり、再び総務部観光課、一九五六年には広報渉外局観光部となった。オリンピック開催を控え、対外的な広告宣伝活動に徐々に観光政策のウエイトが移っていったことがわかる。その反面、ハード整備との連携は薄くなっていったと思われる。一九八〇年には生活文化局観光レクリエーション課が誕生し、観光は外から人を呼ぶというよりも都民の余暇活動推進のための施策として位置づけられた。現在は産業労働局観光部となり、観光が産業として位置づけられただけでなく部に昇格し、都政としても重要視されるようになった。

また近年の東京都では、観光とはあまり縁がなかった区部でも観光振興が図られている。その一例として、品川区の観光プランをみてみよう。

品川区都市型観光プラン

品川区では、しながわ観光のコンセプト・目標を「繰り返し訪れて楽しいまち　しながわ〜日常の生活環境に着目した官民連携による都市型観光の推進」と設定している。

その前提として、品川区の観光的特徴を下記のように分析している。

「品川区には、東京タワーや東京スカイツリーのように、それだけで強力な集客力をもつ観光資源は存在しません。しかし、まちを歩けば、幕末から明治にかけての歴史を感じられるスポットや自然豊かな水辺・公園、個性的な商店街など、しながわでしか出会うことのできない多様で魅力的な観光資源が点在しています。このようなまちの歴史や生活の営みに根ざした地域の資源は、そこに生活する区民にとってはありふれたものかもしれませんが、その見せ方や伝え方の工夫次第で、外から訪れる人にとってとても魅力的なものになります。この点で、しながわのまちは、まちを歩きながら、まちの歴史や生活、まち自体を楽しむ、都市型観光に大変適しているといえます」。

図6-1　品川区都市型観光プラン

　具体的には、いくつかのプロジェクトを掲げ、商店街や路地、祭りなど住民の生活・暮らしに触れながら、都市内のまち歩きや飲食、買い物を楽しむという「都市型観光」を推進していくとしている。

また担い手として、観光関係者だけでなく、区民自身が普段は来訪者の目に触れることが少ない区内の魅力をていねいに拾い出し、磨きをかけていくことが重要だとし、さらに区民だけでなく日常的に区内の魅力に触れている区内在勤・在学者の参加も必要だとしている。

まさに変容しつつある観光の価値観を捉えて、観光まちづくりを推進しようとしていることが窺える。

2. 都市再生・都市開発への観光の導入

こうした都市づくりの方向転換は、まず、これまで定住者のために整備され実施されてきたさまざまな都市施設・施策を対象に、これらに観光的魅力を見いだしたり、観光的機能を創出するためには何を付加したり改良しなければいけないかを点検していくことが求められる。

近年、レンガ倉庫や発電施設など流通や工業の基盤であった施設を芸術や文化の表現の場として再利用・転用したり、まちの歴史を伝える産業遺産として公開しているケースが各地でみられる。また、都心部や過疎地域を中心に少子化・過疎化により、廃校になった小中学校の再利用や跡地活用も各地で取り組まれている。歴史的建造物を商業施設として、蔵をカフェやレストランとして活用する取り組みも盛んに行われている。

こうした再利用や転用の例をいくつか紹介しよう。

代表的な例は、港の倉庫の転用である。横浜赤レンガ倉庫は、神奈川県の横浜港にある歴史的建築物の愛称であり、正式名称は新港埠頭保税倉庫である。明治時代の終わりから大正時代の初めにかけて建設された。保税倉庫としての役割は一九八九（平成元）年までに終え、しばらく放置されていたが、二〇〇二（平成十四）年に一号館は展示スペース、ホールなどの文化施設、二号館は商業施設として保存活用された。旧・横浜港駅《よこはまみなと》のプラットホームも発掘復元し、山下公園まで続く山下臨港線プロムナード（汽車道）も整備し、付近一帯は赤レンガパークとして横浜みなとみらい21地区の代表的な観光施設となっている（図6－2）。

欧米では、わが国に先んじて転用による新名所が多くみられる。

発電所の美術館への転用例として、イギリス・ロンドンのテムズ川畔にある国立近現代美術館、テート・モダン（Tate Modern）がある。テート・モダン美術館は発電所だった建物を改造して再利用している。この発電所は戦災復興の際にロンドンの電力不足を解消するために建設されたもので、一九八一年に閉鎖され、変電所としての機能だけは残っていたが、他は役目を終えた廃墟となっていた。大型発電機のあった空間をタービン・ホールという大エントランスホールにしており、建物と同じ七階分に相当する高さと三、四〇〇平方メートルの面積がある。このホールでは空間全体を使った巨大な展示で人気を博している。最上階のレストランからは金融街シティなどテムズ対岸が眺められる（図6−3）。

ウィーン郊外の元ガス貯蔵タンク。ヨーロッパでは、鉄道駅を改修したオルセー美術館など、古い大きな建造物を転用したケースは数多いが、こんな大胆な改造例は珍しい。日本のガスタンクとは見た目がだいぶ違うが、十九世紀末に建設され、オーストリアの工業を支えた正真正銘のガスタンクだった。一九八六年で停止し、レンガの外壁のみが残されていた。この四基のガス貯蔵タンクを、四人の建築家が一棟ずつ担当して異なるコンセプトで設計し、住居、ショッピングセンター、イベントホールなどのある複合建築にコンバージョンした。約六百世帯もの人が住んでいる（図6−4）。

図6-2　元倉庫：横浜市の赤レンガ倉庫

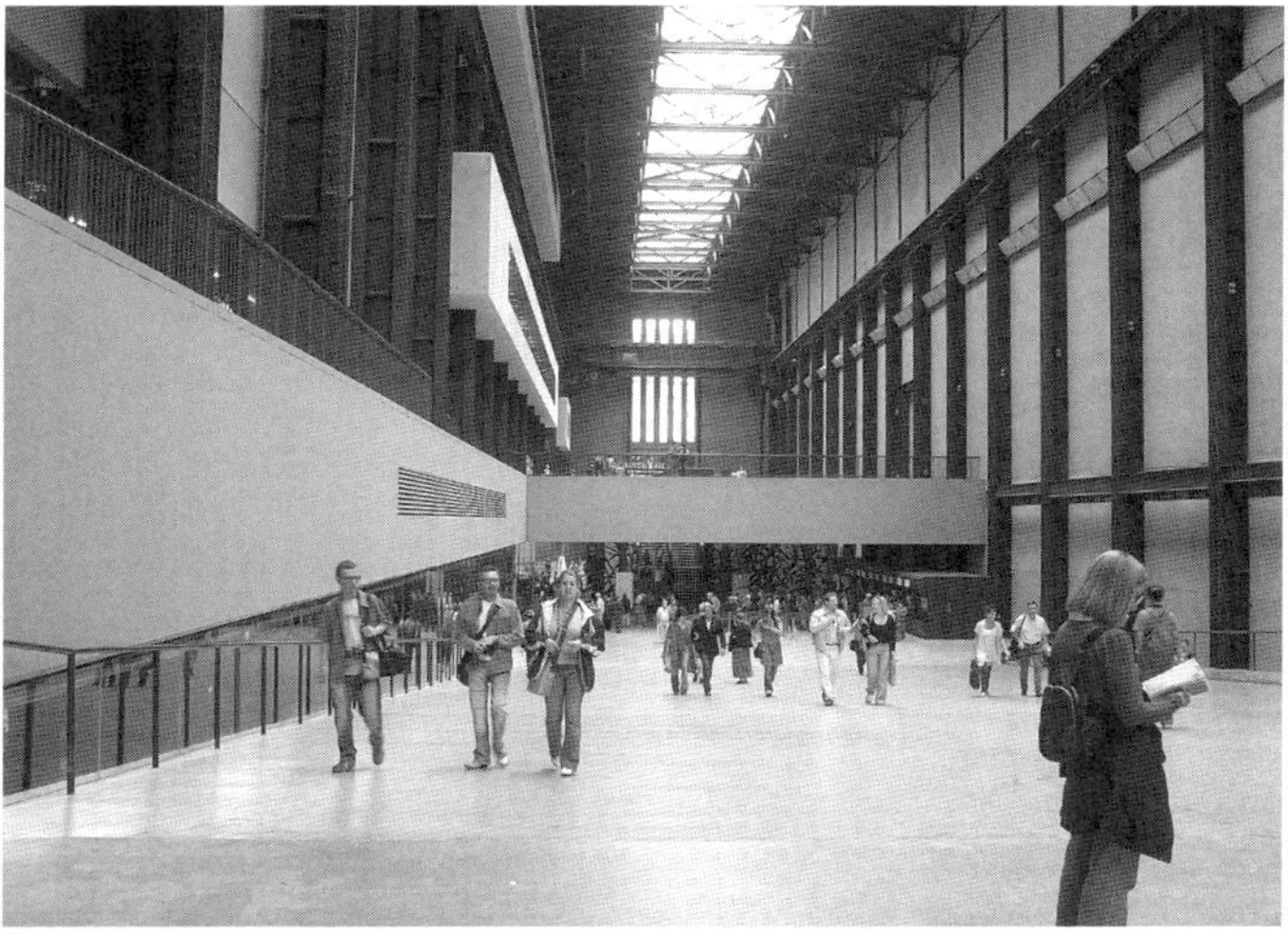

図6-3　元発電所：ロンドンのテート・モダン

ロンドンのコヴェント・ガーデン・マーケットという商業施設は再利用の草分け的存在である。元市場でロンドン中心部にあるが、この地区は、古くは十六世紀から一九七四年までは野菜や果物の卸売市場が置かれていた。市場はテムズ川の南岸へと移転され、一九八〇年にコヴェント・ガーデンは大改築を受け観光客を対象としたショッピングセンターへと生まれ変わった。大きなアーケードの下や周りの広場では、さまざまなパフォーマンスが演じられ、賑わいを創り出している。映画『マイ・フェア・レディ』では、オードリー・ヘプバーン演じる主人公はコヴェント・ガーデンで野菜を手に取り歌っている（図6-5）。

パリのバスティーユで、高架鉄道の廃線跡地利用の例である。ビアデュック・デ・ザールと呼ばれ、日本語だと芸術「高架線」という意味。一八五九年に建設されたバスティーユ高架鉄道は、一九六九年まで百十年間にわたって利用されてきた。一九八六年、パリ市はこれを買い入れ新しい二つの用途に再生した。一つは高架鉄道を取り除いた上階を歩行者用プロムナードで、このプロムナードには樹木、小道、池、パーゴラ、ベンチなどが配され、ジョギングや犬の散歩などに利用され、市民の憩いの場となっている。もう一つは、下の階、地上階は高架橋のアーチスペースを利用して店舗に改修した。主にアー

図6-4　元ガスタンク：ウィーンのガソセンター（©C.Stadler/Bwag）

図6-5　元市場：ロンドンのコベント・ガーデン（Photo by DAVID ILIFF）

ト・ショップやクラフト・ショップが入居している。アトリエもある（図6−6）。

古くから芸術の都と呼ばれるパリでは、美術館や劇場といった目立つところだけなく、こうした地味な部分にも芸術を取り込んでいる戦略がまた新しい芸術を生み出す素地になっていることを感じる。

図6-6　元高架鉄道：パリのビアデュック・デザール／芸術高架線（©Mbzt）

以上の例のように、観光の視点でみることで、商業活性化のために集客する、地場産業復活のために産業観光を取り入れていく、産業遺産を活用していく、新しい文化を創造していくといった新しい方向性を都市は獲得している。過去にまちを支えた施設を壊してしまえば、人々の記憶からも消えてしまう。消し去ってしまうのではなく、歴史遺産として残すことで記憶にとどめることができるのである。

3. 新しい都市開発のビジョン

近年わが国でも、東京や大阪などの大都市における大規模都市開発では、集客や文化発信のための空間や施設が重要視されている。グローバル化の進展で国家間の人・モノ・金の流動性が高くなり、特に成長著しいシンガポール、ソウル等のアジア各都市との間で競争が激化している。単なるオフィスビルを並べたビジネス環境を創出するだけでは勝てなくなってきているのである。

「丸の内」は一般に城郭の本丸の内側を意味する言葉だが、東京の地名としては、江戸城外濠の内側、今でいえば皇居のすぐ東側一帯を指す。明治維新後は新政府の中枢機関が置かれたが、一八九〇（明治二十三）年、政府の要請で、丸の内と神田の土地十万余坪を三菱財閥が買い取り、現在のビジネスセンターとしての丸の内の基となる日本初のオフィス街の繁栄が始まった。一八九四（明治二十七）年、日本のビジネスビルディングの嚆矢である三菱一号館が建てられた（図6-7）。これを復元したのが現在、美術館になっている三菱一号館だ（図6-9）。その後、馬場先通りの両側には次々にレンガ造りの建物が建てられた。ガス灯が建ち、やがて銀杏の街路樹が植えられ、そのおよそ一丁（「市街の区分」を意味する）にわたる間に、あたかもロンドンのような景観を醸しだしたので、この界隈には「一丁倫敦」の異名がついたそうだ。近代日本の首都を象徴するようなエリアであった。

図6―8の写真はずっと時代は下って、昭和四十二年の丸の内の様子である。日本を代表するオフィス街だった。高度成長期のこの時代は、わが国経済を支える国際ビジネスセンターとして、旺盛なオフィスビル需要に応えるべくビジネス機能だけに特化した開発が進められていた。今では信じられないが、休日の丸の内には本当に人気《ひとけ》がなかった。

現在、丸の内を中心とした大手町、有楽町を加えた通称、大丸有地区は、ビジネス機能特化の街から、ショッピングやアートも楽しめる複合機能を持った街へと変わった。ブランド店が建ち並ぶ通りに変貌した仲通り、話題のレストランやさまざまな店舗が入り、コンサートも開けるアトリウムのある新しい丸ビルを筆頭に、次々の行われている再開発では、ビルの持つ機能を変化させ、さまざまなイベントや循環バスなどソフトの整備、さらには防災、環境への配慮など、さまざまなまちづくりが官民共同で進められている。

図6-7　明治期の「一丁倫敦」(明治42年頃)

図6-8　昔のビジネス街
(三菱地所株式会社社史編纂室編『丸の内百年のあゆみ　三菱地所社史』1993年より)

図6-9　現在の丸の内

東京では、この大丸有地区だけでなく、日本橋、六本木、虎ノ門などでも、歴史や芸術・文化を活かした再開発が次々と行われている。こうした街は、観光的にも新しい魅力を大都市に創り出している。

4．ウォーカブルシティにおける賑わいの創出

現在、国が後押しする都市づくりの重点政策の一つに「ウォーカブルシティ」という施策がある。ウォーカブルシティとは、簡単にいえば、歩きやすいまち、歩いて楽しいまちのことを指す。欧米の多くの都市で、自動車の通行を制限し、歩行者や自転車にとって優しいまちを目指し、歩行者専用地区、自転車専用レーン、シェアサイクルといった整備や施策が実施されているが、これも都市づくりの大転換の一つであろう。また、公共交通の充実や緑地の整備も含むコンセプトとして表現されることが多い。国はウォーカブルシティを積極的に進め、この取り組みに三百三十八都市（二〇二二年十二月三十一日時点）が賛同し、ウォーカブル推進都市となっている。また七十三都市がウォーカブル区域（滞在快適性等向上区域）を設定している。

図6-10　ウォーカブル推進都市・大分市の「いこいの道」と「祝祭の広場」(大分市HPより)

観光客にとって、ウォーカブル、歩きやすい、歩いて楽しいまちづくりは、歓迎すべきである。ただ気になるのは、ウォーカブルであることが即観光客増加につながるわけではないということである。

まずウォーカブルなまちづくりによって、まちに賑わいの場としての可能性を持った種地ができる。そこに、さまざまな仕掛けを企てることで、実際に賑わいが生まれる。この時点では元々観光地か余程の誘客力のあるイベント企画などでない限り、地元市民の参加による賑わいの形成であろう。もちろん、楽しいまちづくりとしては十分に成功なのだが、観光振興かというと疑問である。なぜなら域外からの来訪客による地域経済への貢献がなく、内部循環に留まっているからである。域外からの消費を積極的に取り込むためには観光振興を意識したまちづくりが必要である。具体的には、観光マーケティング的視野を持つことである。

理想的には、当初から観光客の来訪まで見通したプロセスを描いた上で、整備予定のウォーカブルな空間が観光回遊ルート上のどこにあるのかなど、空間的、広域的位置づけを明確化しておくことが望まれる。

5. 規制緩和による観光的魅力づくり

地域が観光地となるためには、観光的社会基盤が用意されている必要があるのは自明だが、都市政策がウォーカブルな都市づくりに舵を切るならば、自ずと観光的社会基盤は整ってくるはずであろう。しかし、このような変化に対して、現行の制度や法体系は必ずしも合致しているとはいい難い。

道路を例にとって論じてみる。

図6-11は、パリのオープンカフェ。パリでは、まちなかの至る所でオープンカフェを目にするが、パリのオープンカフェは百年以上の歴史がある。パリでは歩道をはじめとする公共空間の利用に、条例により一定のルールと利用料金を定め、その上で積極的に活用が進められており、その使用料は市の財源にもなっている。条例には、公共空間

での営業を行うオープンカフェ等、テラスや露天についてその営業許可の関する手続きや、店舗設備の設置要件までを定めている。また、シャンゼリゼ通りなど特別規制地区を設けていて、景観への配慮としてそこで使用する家具、什器の制限、またキャノピー（天蓋）やパラソルの色（赤・白・青）が指定されている。つまり、歩道という公共空間の利用を認める代わりに、料金といくつかのルールを守ることが義務づけられているのである。

欧米の多くの都市にこのようなシステムが導入されている。導入経緯や背景、および方式はさまざまであるが、市民や観光客の賑わいの場として、憩いの場としてまちの魅力を高めるのに一役買っているのは間違いない。

一方、図6−12は、韓国・ソウルの屋台。ソウルでは至るところに屋台があり、住民の生活に溶け込んでいるとともに観光的にも名物になっている。トッポギ、チヂミ、おでんなど韓国固有の美味しい食べ物が並べられている。果物や雑貨を売る屋台もある。

アジアの多くの国では、屋台を通して街の勢いとエネルギーが伝わってくる。しかし韓国でも、屋台の大部分が無許可営業で、大きな国際大会の開催が決定するたびに屋台撤去が問題となるそうである。韓国に限らず、屋台問題はさまざまな利害関係が絡み

図6-11　パリのオープンカフェ

図6-12　韓国・ソウルの屋台（ソウル市HPより）

図6-13　江戸の十軒店雛市（長谷川雪旦画、「江戸名所図会」1834-36年）

あっていて難しい問題であるのは事実だが、屋台はその国の食文化として、地元住民の食を満たすとともに魅力的な観光資源にもなっていることも事実である。

わが国では有名な博多の屋台などでは指導要綱が定められている。また広島県呉市では屋台設置場所を道路から除外し公園としている。

このような動きは、実は近代都市計画が移入される近世以前のわが国では当然のことであった。つまり、こうした一連の規制緩和の動きは、新しい規範を構築するというより近代以前への回帰とも解釈できよう。一例を挙げる。

江戸の町は武家地、商人地など職住機能

に関しては区画割されていたが、オープンスペースは仮設の芝居小屋、屋台、市などが処狭しと混在していた。例えば、往還、広小路、橋詰は、普段は屋台などが建ち並ぶ飲食・交流空間となっており、火災の際には火除け地となるという防災機能も兼ね備えたスペースであった。図6－13の絵は江戸の十軒店の雛市の賑わいを描いたもの。雛市だけでなく魚市、馬市など多種多様な市が開かれていた。

寺社地も単なる宗教空間ではなく、飲食・交流機能も有していた。浅草の仲見世には、さまざまな仮設の屋台が九百店ほど軒を連ねていたといわれる。フランス人ジャーナリスト、E・コトーは、浅草について「日本では娯楽と宗教が歩調を合わせて、僧侶と軽業師が共存しているのだ。店の屋台は神聖な広場にまで広げられる」と記している。

また、河川に目を転じれば、現代のわが国では、河川沿いは原則、飲食店の民間営業は原則認められていない。しかしながら、江戸時代は月見、夕涼み、花火など和風文化の舞台として重要な空間であり、水辺には数多くの名所が存在した。近年、デザイン的には海外に匹敵するウォータフロントや公園空間が数多く創られた。これらに飲食やショッピングを機能的に融合できれば、素晴らしい現代の名所が生まれることとなるだろう。

すなわち、現代の公共空間をうまく活用することで、まちの観光資源づくり、賑わいづくりが可能だということである。

6. IRの登場

外客誘致が色濃く出ている開発がＩＲと呼ばれる手法である。ＩＲとは、Integrated Resort（統合型リゾート施設）の略称で、言葉自体は二〇〇四年にシンガポールにおいてカジノ導入構想が発表された際「Singapore Integrated Resort & Casino」「an integrated entertainment resort」などと表現されていたものがＩＲという一般名詞として国際的にも使用されるようになったとされている。具体的には、カジノを中心とした、ホテル、ＭＩＣＥ（Meeting/Incentive/Convention/Exhibition, Event）施設、ショッピングセンター等を複合的に開発した、観光客、ビジネス客をターゲットとした施設である。第二章で定義した〝リゾート〟には当てはまらず、別物と理解した方がよい。

ＩＲの代表例がシンガポールのマリーナ・ベイ・サンズ（図6－14）。ここには二〇一〇年開業以降世界中から多くの観光客が足を運ぶ。

図6-14　マリーナ・ベイ・サンズ

国内においても二〇一八年に特定複合観光施設区域整備法（通称カジノ法）が可決され、二〇二三年四月に大阪府が条件つきで国の認可を受けたのは記憶に新しい。通称「ＩＲ法」と呼ばれる「特定複合観光施設区域整備法」第一章第一条の目的に「我が国における人口の減少、国際的な交流の増大、その他の我が国を取り巻く経済社会情勢の変化に対応して我が国の経済社会の活力の向上及び持続的発展を図るため」と掲げられており、局地的な新規の都市開発により、インバウンド客を集め、新たな財源として、高齢化社会に伴う社会福祉費等に充填することを主目的としている。しかし、ギャンブル依存症の問題、地域治安の問題等、解決すべき課題も多く指摘されており、わが国に根づいた開発手法とはなっていない。

7. タウン・ツーリズムの特性と資源

(1)タウン・ツーリズムと定義と特性

都市で展開される第三の観光、オルタナティブ・ツーリズムはどのようになるのだろうか。タウン・ツーリズム、アーバン・ツーリズム、まち歩き観光、まちなか観光と呼ばれる。あるいは旧来の観光スタイルと区別なく、都市観光と呼ばれることも多い。本書ではタウン・ツーリズムを用い、従来の都市観光とは異なるものとして定義しておく。タウン・ツーリズムはおおよそ次のように定義される。

「都市の中心市街地などが持つ〝生活文化〟を楽しむ自由時間活動」

大雑把にその観光スタイルをイメージすると次のようになる。従来の都市観光が、大都市を対象に、刺激・緊張を求め、一回だけの来訪者が中心で、徐々にマス・ツーリズム化していった地域が多いのに対し、タウン・ツーリズムは、どちらかというと地方中小都市を対象に体験・交流・ふれあいや癒しを求め、さらには、これらを通じた学習的な活動で自己実現を目指し、何度も同じまちに訪れるリピータが多くみられる。

都市でタウン・ツーリズムを展開する効用は二つある。

一つは、観光振興に取り組みたい都市での可能性の拡がりである。マス・ツーリズムとなるような都市観光は、地域が望んでも、かなり誘客力のある観光資源がなければ、そう簡単には成立しない。これに対して、誘客力は小さくとも個性ある観光資源があれば、人々が訪れ、コアなファンも作り出すオルタナティブ・ツーリズムとしてのタウン・ツーリズムなら、どこの都市・まちでも取り組める。

もう一つは、全国土的に見たときの観光客の分散化の推進である。全国を見回せば、過度に観光客が集中する観光地があり、一方で観光客など訪れないまちもある。こうしたまちでタウン・ツーリズムにより観光客が集まるなら、全国土的には観光客が分散することとなり、観光客数の平準化が可能になる。

もちろん、タウン・ツーリズムを振興しようとして発掘した地域資源は観光資源にならなくとも、地域の誇りを産み出す材料として地域にとっては非常に意味あるものである。ただ十分に気をつける必要があるのは、こぢんまりと始めたタウン・ツーリズムが多くの観光客が訪れるマス・ツーリズムに変容してしまった事例は後に述べる長浜や川越、鎌倉や京都の路地空間、アニメの聖地など多く見られる。それらの中には、マス・ツーリズム化によってオーバーツーリズム（第八章で後述）を引き起こしている地域も多いのも事実である。もちろん、地域の選択として、多くの観光客を呼び、地域経済の中に観光産業を位置づけようという方向性もある。しかし、地域が観光産業化を望まないときは大きな問題となってしまう。

（2）都市のイメージと観光対象

都市の場合、「歴史性」を主たる売り物にしているのは、都市内に歴史資源が豊富にある京都、奈良、鎌倉のようないわゆる古都か、よく保存された歴史的町並みに魅力がある小樽、飛騨高山、倉敷のような都市である。賑わい、先進性、ファッション性、刺激性といった要素が複合的に魅力を作っている東京、大阪、札幌、横浜のような都市も

図6-15　観光資源のテーマの発掘例

ある。従来の都市観光ではこのような都市が観光対象とされていた。

しかしながら、タウン・ツーリズムでは、こじんまりとしているが風情のある城下町、港町、近代産業の発祥地などで、代表的な例には、角館・津和野など小京都と呼ばれた一連の町、埼玉県川越市、千葉県香取市佐原、新潟県村上市、群馬県桐生市などが挙げられる。あるいはB級グルメに代表される食を活用したまちづくりは、近年、観光客誘致の定番と化している。漫画やアニメをテーマにしたまち、新たな地域資源を創造し、戦略的に観光資源としていったまちもある。またアニメや映画の聖地として観光客が来ることで、その観光的魅力や資源性に初めて地元の人が初めて気づくこともある。

東京や京都、大阪といった大都市やこれまで都市観光地として賑わってきた都市でもタウン・ツーリズムは展開されている。東京だと谷根千と呼ばれる地域が、住民のまちづくりの一環として地域資源の再認作業が行われる中、路地や界隈性に富んだ懐かしさを感じる下町の魅力が浮き彫りになり観光地化していった。あるいはオタクの聖地・秋葉原や韓国料理を始め各国料理店が集まっている新大久保のように、観光とは一見無関係な、他産業の集積や国際化による多国籍居住によって地域特性が変化し、予期せぬ観光地化が起こるパターンもみられる。京都でも有名寺社だけでなく生活感が漂う京町家が集積した地域などは人気が高い。

タウン・ツーリズムの一つの観光地の規模は、行政区域単位というより、むしろコミュニティに近い。あるいは一つのテーマ性を持ったまちづくりの単位といえるかもしれない。

個々で例示した都市は、必ずしも意図してイメージづくりをしたわけではないが、東京なら、首都としての「威厳」、あるいはその多種多様な活動のイメージから「混沌」、あるいは「江戸情緒」「近代化」「先端性」「雑踏」といったキーワードが思いつく。大

図6-16　川越の町並み

阪なら、商都としての「活気」「賑わい」がある。金沢・松江・高山などの城下町・宿場町なら「風情」だろうか。

その都市の持つ地域資源を活用している例としては、歴史・文化・産業といったジャンルが挙げられるが、「歴史」では蔵の町・川越、水郷・香取市佐原など、「人物」では出身作家や作品をモチーフにしている、水木しげるの境港、司馬遼太郎「坂の上の雲」の松山などが思い当たる。「産業」は、現在の主要産業である場合と、いわゆる近代化・産業遺産としてテーマになる場合があるが、工場見学や博物館が人気の豊田、織物産業隆盛期の遺産を核にしている桐生などが挙げられる。「食」は、昔から郷土料理は重要な観光資源だが、近年はB級グルメといわれるそれは、地元の人だけが好んでいたものが注目されるようになっている。ご当地B級グルメは数え切れないほどあるが、最初は、宇都宮の餃子、富士宮の焼きそばあたりか。古くは札幌

図6-17　長浜の町並み

ラーメンもそうだ。また、喜多方ラーメンのように、プラスアルファで「食」というパターンもある。

ここまで紹介してきたのは、何らかの既存の地域資源を活かした例だが、新規創造型もあり得る。

代表的なのが、ガラス工芸を興した長浜だ。長浜の取り組みは、一九八八年、かつての「黒壁銀行」の保存・活用を目指したのがきっかけといわれているが、その後ガラス文化に眼をつけ、さまざまなガラス作品を集めた「黒壁ガラス館」として再生した。長浜市の取り組みの特徴は、元から存在した地域資源に固執することなく、ガラス文化という新しい資源の創造に取り組み、伝統的な地域資源と組み合わせていったことにある。

イベントにも新規創造型が多くあり、由布市湯布院や山形などの映画祭は代表例だ。

また最近では、富山県の宇奈月温泉のように環境配慮への取り組みそのものを都市のテーマにして人を集めている地域もある。技術・情報の先進性をアピールするのも都市のテーマとなりうるだろう。

さて、こうした地域資源や地域のイメージは大抵の都市に備わっているものだが、外部に発信し観光客を集めるまでには簡単には至らない。そこで、さまざまな地域資源を都市観光にうまく取り入れて、多くの観光客を集める都市観光地となった札幌の都市観光地としての発展過程を辿ってみよう。

札幌市

実は観光資源として歴史があるように見えても意外に歴史が浅い例はある。札幌市である。観光において日本では一般に観光都市は京都・東京・奈良など歴史的蓄積のある都市が有利である。にもかかわらず札幌市は「時計台」「大倉山ジャンプ競技場」「サッポロビール園」といった観光施設や「さっぽろ雪まつり」や「YOSAKOIソーラン祭り」などのイベント、さらには「札幌ラーメン」や「ジンギスカン」などの食も含め、全国的に集客力を持つ観光的魅力が多数存在しており、わが国有数の観光都市となっている。札幌市の観光が発達した要因としては空路の発達や札幌冬季オリンピックの影響などが関連してくるが、それだけではこれだけの観光都市は形成されない。

その形成過程を「イベント」と「グルメ」に着目してみてみよう。

札幌市のイベントは「雪まつり」に端を発するが、組織、活動内容、広告、宣伝、参加形態のすべての面で模索しつつ道内イベントとして発展していった。昭和五十年代から「雪まつり」は、海外宣伝、参加層の拡大により世界的知名度を有するイベントに発展する。

一方平成に入り、既存の祭りに不満を持っていた学生により、これらと異なり活動的な「YOSAKOI」が始まった。「雪像作り体験」や「YOSAKOI踊りに参加」で観光客が参加体験して楽しめる形態に変化した。また同時に海外交流も盛んで、出張雪像制作や「YOSAKOI」への海外からの参加者招待など、活動エリアを拡大浸透させてきた。昭和二十年代に市民享楽イベントが誕生したこと自体も先駆的である。寺仏信仰を中心とした伝統的祭りがないため新たな市民享楽イベントが誕生しやすく、歴史的蓄積がない状況を逆手に取れたためといえよう。また伝統行事のように定式がなく継続して行う必要性がないことから、観客の嗜好に合わせてダイナミックに内容を変化させ多様化できた。「YOSAKOI」も伝統的祭りがないからこそ、他地域の既存イベントを融合させて自分のものにしてしまう発想が生まれ、受け入れられたのではないだろうか。

次に「グルメ」であるが、まずビールが明治初期の製造開始に伴い、札幌名物の一つとなる。大正期には政府による羊肉普及事業が開始され、ジンギスカンが誕生し、ラーメンが中国人によって伝播する。その後昭和前期にはジンギスカンは行政による技術開発と宣伝広告により道内へ、ラーメンは材料入手の容易さから市内に普及していく。ジンギスカンは昭和二十八年より札幌の政財界人によって新たな札幌名物として宣伝されるようになるが、この際、ビールとのセットとして紹介されることが多かった。その後、市内でジンギスカン店が増加するが、同時期に全国にラーメンが情報発信され「札幌における気軽な昼食」として紹介されている。昭和四十年代以降はビール・ジンギスカンをセットにして食べさせるサッポロビール園、同業者が集まったラーメン横丁など特徴的な店舗展開をみせる。図らずも「昼はラーメン」「夜はジンギスカンとビール」という定番が生まれたのである。

「グルメ」では、外来文化を再発信していったという共通の独自性がみられる。北海道では文化の異なる拓殖民の間に文化交流が行われるようになり、大正以降融和した新しい地域社会が生み出されていった。こうした中、「ビール」「ジンギスカン」「ラーメン」も誕生・普及している。外来文化ではあるが、異文化交流の中で受容されていったと推測される。

異文化に対して柔軟な土地柄だったことで、外来文化の変化形をも地域に浸透させそれが新たな観光要素となっていった。また歴史の浅さゆえの都市としてのアイデンティティ不足が〝さっぽろ〟〝サッポロ〟という札幌ブランドの主張・普及に熱心に取り組ませたと推察される。そのことが結果として、多様で個性あるラインアップを揃えた観光都市札幌を形成していくこととなったといえよう。見事な都市観光戦略を札幌市の歴史に見ることができる。

札幌市の事例を、本章的な解釈をするならば、オルタナティブ・ツーリズム的発想で見出された地域資源は、多くの観光客を惹きつけ、マス・ツーリズム（都市観光）に変容していった。そのことは観光を地域産業化し育てたことに他ならないのである。

（3）町並み保存と観光

地域の歴史文化が観光資源となっている代表的な例が町並み観光地であろう。町並み観光地は、一九七〇年代のディスカバー・ジャパン・キャンペーンによって、全国的に知られ観光地化している地域も多い。しかし、そのような観光的にも価値ある歴史文化資源が残っていたのは、町並みを保全しようという住民運動が先立って存在したからである地域も多い。

町並み保存運動が全国に波及する契機となったのは、中山道の宿場町、妻籠宿の動きだったとされる。妻籠宿の保存は、わが国初の実質的な事業であったことから全国から注目されることになった。「妻籠を愛する会」は、一九七一年に「妻籠を守る住民憲章」を制定し「売らない、貸さない、壊さない」の三原則を明示した。一九七〇年前後から、高山や川越、奈良井宿や今井町、鎌倉や小樽など各地で町並み保存の住民運動が展開され組織の結成が相次いだ。

このような住民運動の影響を受けて、自治体側でも環境保全のための条例が金沢や倉敷、柳川などで制定され始めた。この頃から歴史的な町並み保存の問題は、地域のまちづくりの重要な課題の一つとして捉えられるようになったのである。

さらに国も動き一九七五年に文化財保護法が改正され、歴史的環境保全のための「伝統的建造物群保存地区制度」が創設された。同制度の特徴は、伝統的建造物群という用語を取り入れ、町並み・集落の歴史的環境に対する「面的保全」を始めて制度化したことである。また、行政が住民との話し合いの上で自主的に地区を決定するというボトムアップ的な方法を取っていることも大きな特徴である。合計四十三道府県百四市町村百二十六地区（二〇二一年八月二日現在）が選定されている。近年、経済の衰退と人口の流出に悩む地方都市では、歴史的町並みをまちおこしの重要な観光資源として位置づけ、まちづくりを展開している自治体も多い。

ちなみに、近年、文化財を取り巻く法制度も急激に広がりをみせ、まず、域内の市街地を含め一体的に捉える「歴史的風致」という考え方を導入した「地域における歴史的風致の維持及び向上に関する法律」（歴史まちづくり法）が二〇〇八（平成二十）年十一月に施行された。さらには、歴史文化資源を活用した観光振興を目指した「文化観光拠点施設を中核とした地域における文化観光の推進に関する法律」（文化観光推進法）が二〇二〇（令和二）年五月に施行された。

島根県津和野町

文化資源の観光的活用を進めている街並み観光地の例として、島根県津和野町が挙げられる。津和野町は「山陰の小京都」や「日本のふるさと」と呼ばれ、山間の小さな盆地に流れる津和野川沿いに城下町の名残や掘割が残されている。

一九七〇年のディスカバー・ジャパン・キャンペーンを契機として津和野への観光客数は急増する。この時期には急激な観光地化に対して、一九八〇年に伝統文化都市環境保存地区整備事業が行われ、津和野の伝統的な環境の保全が進められた。歴史的・文化的資源としては城下町の他に、森鷗外・西周旧宅や乙女峠マリア聖堂、太皷谷稲成神社、旧天領地区の文化財があり、伝統的な歴史文化が色濃く残っている町である。しかしながら、現状として城下町エリア以外には客足が伸びていない。津和野を訪れる観光客のほとんどが日帰り客となっており、宿泊施設の減少・老朽化やお土産を販売する商店も少なくなってきていることなどから、滞在時間が短くなってしまい地域としての経済効果が少なくなってきているという課題がある。町全体の観光客数もここ数年で若干増加したものの、流れとしては減少傾向が続いており、今後どのように観光客を取り戻してゆくかが課題となっている。

そうした中、文化財の活用に舵を切り始めたのは、二〇〇五（平成十七）年の旧日原町との合併により新津和野町誕生したことがきっかけであり、「歴史文化基本構想」のモ

図6-18　津和野町の町並み

デル事業に応募した。二〇〇八（平成二十）年から歴史文化基本構想の策定事業が始まると、それを機に、津和野の地域内にある文化財が整理された。

二〇一三（平成二十五）年、城下町は重要伝統的建造物群保存地区の指定を受ける。また二〇一五（同二十七）年には「旧堀氏庭園活用計画書」を策定する。地域内の文化財の活用の方針が歴史文化基本構想策定後に多く定められた。元々観光地であるため、活用の方針で観光になるのはそう無理はなかったようで、旧堀氏庭園にはカフェスペースなどが設置され、観光中心地からは離れているものの観光客を意識したものとなっている。

さらに二〇一五（平成二十七）年には日本遺産

「津和野百景図」が策定された。未指定の文化財である津和野百景図に着目し、昔の津和野の風景と今の津和野の風景を比べて歩くというテーマを設定した。このことにより多くの未指定文化財が構成文化財として日本遺産に設定されることとなった。現在は引き続き日本遺産事業を中心に観光振興を目指していくとともに、城下町エリアと旧天領地区の二つのエリアをつなぎ、城下町だけでなく広く周遊してもらえるような施策を検討、実施している。具体的には周知のための案内板の設置や、シンポジウム・学習会の開催などのほか、旧天領地区のガイド養成、観光案内拠点の整備、体験ツアーの実施を行っている。

文化財を観光資源として用い観光振興を目指している地域では、津和野町のように新たなテーマを創り文化財へ新たな視点を加えることで、域外の新しい観光資源の発掘や文化財の魅力の増進を図り、文化財を単たる財としてだけでなく資源として活用することができるのではないだろうか。

(4)タウン・ツーリズムの資源

タウン・ツーリズムでは、どんな地域資源が観光資源になるのだろうか。整理してみ

地域資源	キーワード	具体例
下町空間	歴史継承 生活実感 界隈性 懐古、江戸、昭和、商い、B級	路地、長屋、木賃アパート、並べられた植木鉢、昔ながらの商店街、手作り、B級グルメ
近代化遺産		近代建築、橋、駅など土木遺産
祭り・年中行事		近代以前の風習、祭り
大企業、製造業	本物、ものづくり、高度成長期 科学技術 キッチュ	工場、生産工程、製品の進化
地場産業、工芸		伝統工芸品、職人
先端技術		町工場、職人
産業遺産		煙突、レンガ倉庫・工場跡
メディカル系	健康、癒し	散歩、銭湯、しもたや風居酒屋
先端・前衛系	刺激、躍動感	スノッブな建築、都市的アミューズメント、現代アート、ファッション
人間系	人情、ふれあい 知らない人	体験、ガイド、昔話、市場 ヒューマンウォッチング、ライフスタイル

図6-19　観光資源としての都市の地域資源の例

よう。タウン・ツーリズムで、観光的魅力となるのは、国宝級の文化財や大繁華街ではなく、図6-19の表に挙げるような町屋や雁木等の歴史的建築、生活臭の漂う路地空間、橋、駅舎等の近代化遺産、郷土料理、祭り、市場、地場産業等を含めた伝統的生活とそこでの体験や交流である。逆に前衛的、スノッブな建築、キッチュな廃墟も注目される。さらにはヒューマン・ウォッチングの楽しみもあろうか。

全国から人が呼べるような特A級、A級の観光資源はなくとも、地域固有の文化や生活を観光資源化することでそれぞれの都市がまったく異なった個性で観光的魅力を創り出し、人々を惹きつけることができるのである。

四七ページで述べたように、観光資源の評価構造は固定的なピラミッド型ではなくなり、「見方」によって、言い換えれば、個々人の趣味嗜好によってどうにでも魅力度の順位が変わるようになった。年間百万人とかではなくそこそこの集客が可能な地域資源は質量とも増えてきている。オルタナティブ・ツーリズムで求められるのは「一生に一度は訪れておきたい」観光資源ではなく、一回限りではなく「幾度となく訪れ地元の人々との交流を楽しむ」、どこの都市にも存在している、あるいは提示可能な「光」である。

8. オルタナティブ・ツーリズムによる国内観光地の再生

では、こうした観光スタイルの変容にわが国の既存観光地は対応できているのであろうか。オルタナティブ・ツーリズムで求められるのは「一生に一度は訪れておきたい」観光資源ではなく、どこの都市にも存在している「光」であるから、どこでも可能性は秘められている。しかしながら、こうした時代の大きなうねりの中で疲弊している地域も多く存在する。マス・ツーリズムに対応するかたちで拡大・発展してきた観光地である。

団体・慰安旅行に合わせて旅館の大型化が進んだ多くの温泉地では、廃業した施設が廃墟のように立ち並んでいる。現在の観光ニーズに対応できず、宿泊客数を激減させている。こうした問題は一見、一経営者や一企業の問題に見えがちだが、現実には、地域一体となって対応していかない限り、再生の道は開けない。例えば、一旅館の経営を軌道に乗せたとしても、温泉街に廃墟が並べば温泉地としての魅力を上げていくのは非常に難しい。その旅館によほどの吸引力がない限りいつか客足は遠のいてしまうであろう。いくら〝点〟すなわち一経営体を再生できても〝面〟的、すなわち地域を再生しないと持続的発展を続けることはきわめて困難である。

こうした観光地は、時代の流れや観光客のニーズに合わせて発展してきた反面、近視眼的にそのときの流行やブームに踊らされて、空間や地域の組織を変質させてきてしまっている。それを結果論的に批判することは易しいが、隆盛を極めている新しい観光地にもその日がやってこないとは限らない。こうした「旧観光地」の再生への処方箋、あるいはこうした轍を踏まないための観光地域づくりのノウハウも今、求められている。

このような状況下、オルタナティブ・ツーリズムに対応して観光地を再生しつつある例を簡単に紹介しよう。

大分県別府市

日本一の湯量で有名な大分県別府市である。

団体宴会対応型の温泉地でも、再生を目指す新たな観光資源の発掘を目指す動きもみられる。例えば、別府温泉地区では、地元住民で構成された「別府八湯竹瓦倶楽部」などの活動により始まった「路地裏散歩」が観光客の好評を博している。これは地元のボランティアガイドが案内するまち歩きツアーで、その発端は住民による暮らしやすさを目指したまちづくり活動としての地域資源の再評価である。そこに旅館経営者などを巻き込むことにより、観光客の参加が増え「八湯ウオーク」として別府八湯全域に広がりをみせ、新たな観光的魅力となっていた。

注目すべきは、これは新しく創られたり、発掘されたものでもないということである。別府のような路地裏や歓楽街は多くの温泉地にも存在し、一時は旅館での宴会後に街に繰り出す団体客によって賑わいをみせていた。ところが、旅館が飲食施設を館内に設け客の囲い込みを始めたため、客が温泉街に出なくなった。結果、近年、寂れてしまったエリアである。そこに、〝レトロ〟というキーワードによって再び光が当たった。決し

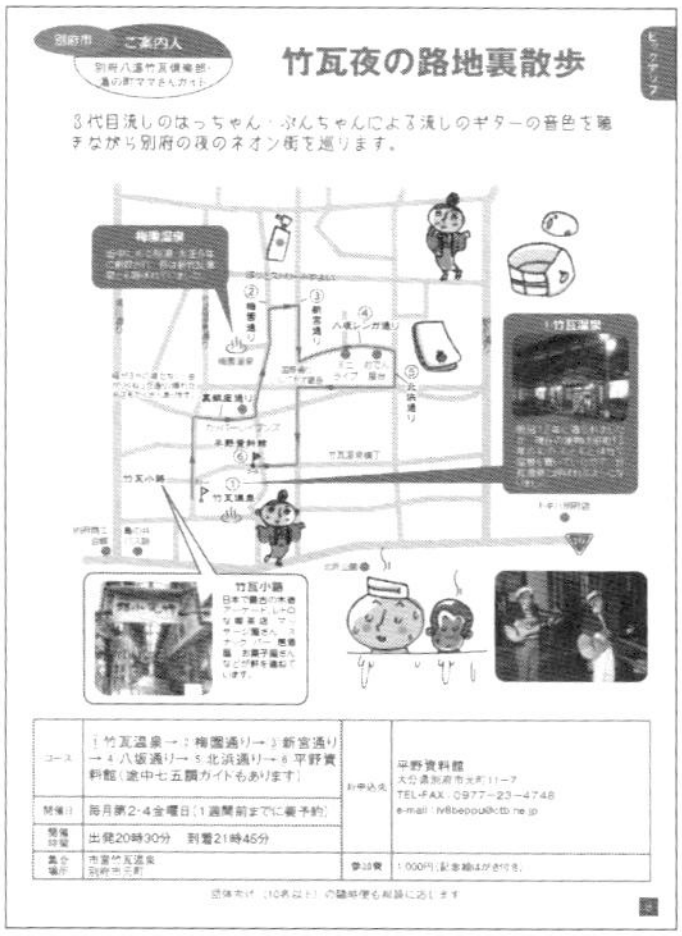

図6-20　別府温泉の路地裏散歩の例（上下ともに）

て新たに創造された観光資源ではなく、いわば〝まなざし〟の変化によって再活用された資源といってよいだろう。この場合、〝賑わい〟、〝猥雑さ〟といった歓楽街としての魅力要素が消えゆく中でも、空間的には変容しなかったことが、年代を重ねるうちに〝レトロ〟〝B級〟といった魅力要素にマッチする日がやってきた。このツアーの人気は、路地裏の界隈性など空間的魅力ももちろんだが、それ以上に巧みな話術で惹きつけるボランティアガイドとの交流にある。地元の人・温かみのある人情といった人的資源が観光資源となりうる好例でもある。

さらには、オンパクという小さな市民レベルのイベントのパッケージ化、中心商店街でのアートの取り組みなど、過去だけでなく、過去の歴史をベースに新たな観光まちづくりの展開がなされている。特にオンパクは事業モデルとして他の温泉地で展開されている。

観光の誕生以来、古代ギリシャ、ローマ時代には確実に、都市は主たる対象の一つであったというのは間違いない。宗教観光に始まる聖地巡礼、わが国でも門前町は古くからの観光地であった。現在も、多くの人がフランスを訪れたとき、まず首都パリを訪れるだろう。街並みを眺め、フランス料理に舌鼓を打ち、オペラを堪能し、流行のショッピングを楽しむ。観る、食べる、聴く、買う、どれも一見日常的な行動だが、コンテンツが異なる。パリなら街並みはバロック、料理はフレンチ、音楽はオペラ、買い物はブランド品でなくとも地元の生活に欠かせない台所用品でもＯＫである。そのコンテンツを創り支えているのが、都市固有の文化なのである。そこに違いがあるからこそ、その都市の街並み、料理、芸術、産物を日常とは異なる感覚で楽しめる。こうした文化をいかに護るか、産み出すか、再発見するか、アピールするかが観光対象に都市がなり得るか否かの決め手となる。

しかし、観光する側からみると、都市の持っているさまざまな要素、あるいは都市そのものは大きな魅力であるが、すべからくどんな都市でも観光的に魅力があるというわけにはいかないはずである。また都市側からみても、都市の諸要素のすべてが観光対象になるとはいえないし、もちろんなる必要もない。それに観光産業が主産業である一部の都市を除いて、大多数の都市には観光とは関わりのない多くの住民が生活している。このことは観光対象としての都市の最大の特徴であろう。都市は観光客のものではないことを肝に銘じておく必要もあろう。

◉第七章　農山漁村でのオルタナティブ・ツーリズムの展開

1．農および農業に対する政策と価値観の変化

まず、農山漁村の名の所以たる第一次産業はどうなっているのだろうか。ここでは農業政策に関する近年の価値観の変化を辿ってみる。

農山村では人口が減り続け、その状況は今後ますます深刻になると予想される。当然のことながら農業従事者も減り続け、個人経営体の世帯員である基幹的農業従事者は減少傾向が続いており、二〇二〇年は百三十六万三千人と十五年前の二〇〇五年の二百二十四万一千人と比べると三九％減少している（図7－1）。また二〇二〇年の基幹的農業従事者数のうち六十五歳以上の階層は全体の七〇％（九十四万九千人）を占めており、高齢化も進んでいる。

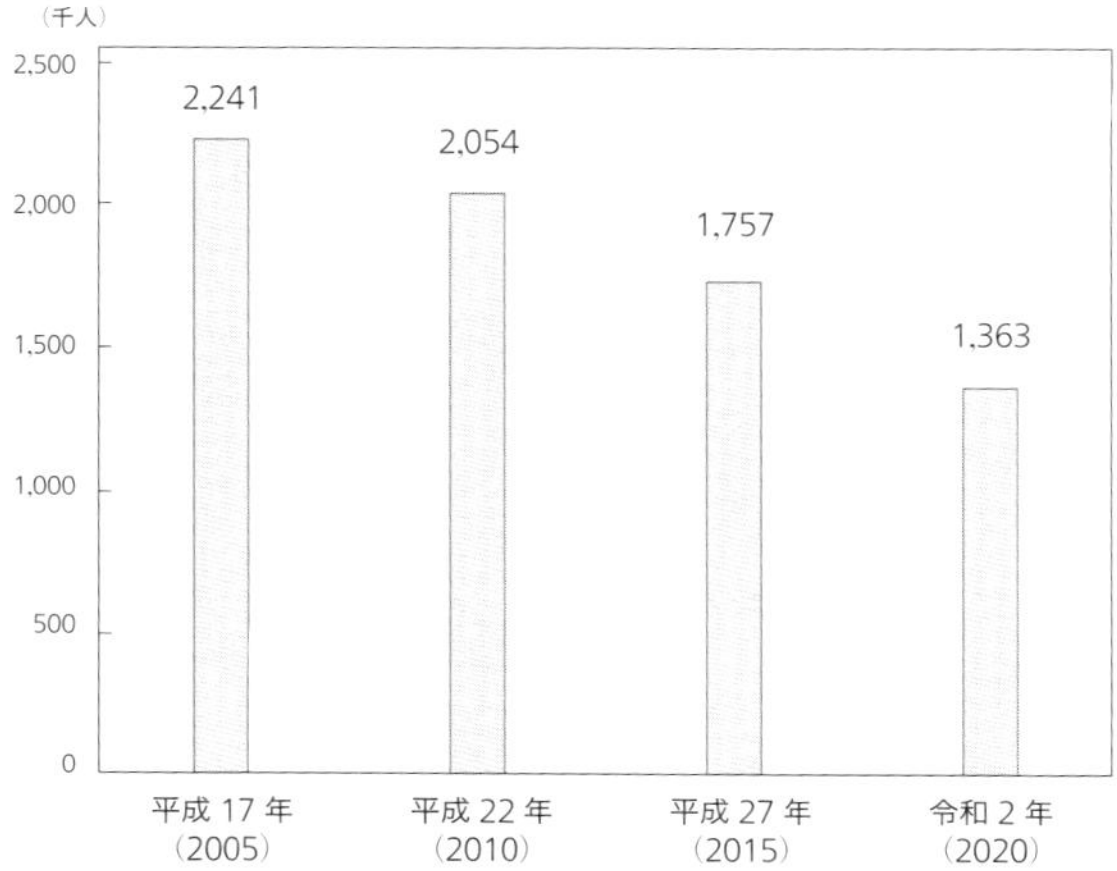

図7-1　基幹的農業従事者の推移（「令和5年度食料・農業・農村白書」より）

その結果、農地面積の減少は止まることを知らず、令和三（二〇二一）年は四三五万haと、一九六〇年の六〇七万haと比べると二八％減少している（図7−2）。最終的には農山村自体の共同体としての活力低下・崩壊が進みつつあるのが現状である。

そうした中、状況打開のために国も農政の転換を図り、一九九九年「農業基本法」が見直され、「食料・農業・農村基本法」（新基本法と呼ぶ）が制定された。

この新基本法では、「食料の安定供給の確保」「多面的機能の十分な発揮」「農業の持続的な発展」「農村の振興」の四つの基本理念が掲げられている。特に、「多面的機能の発揮」という視点が加えられたこと

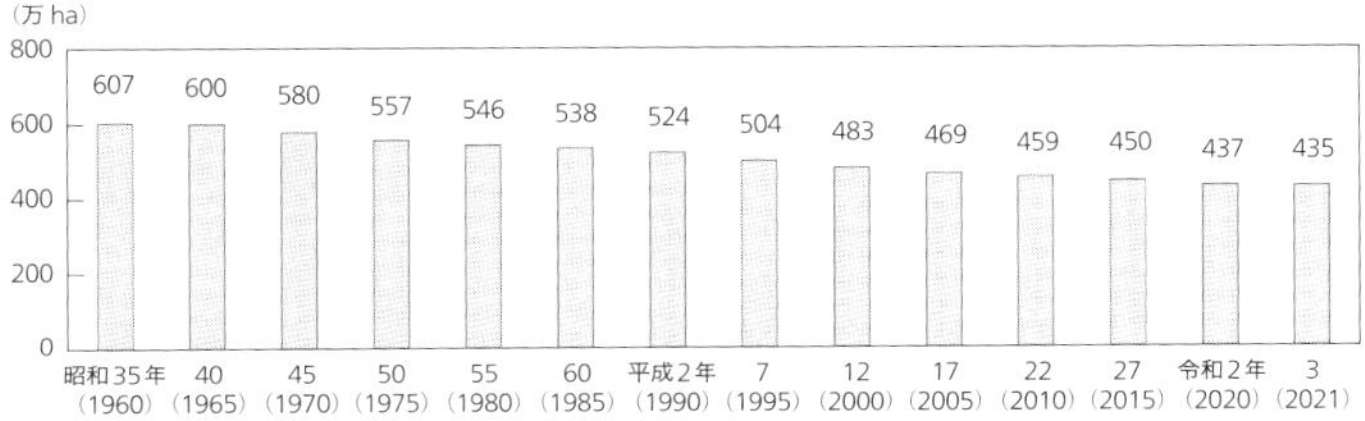

図7-2　農地面積の推移（令和5年度「食料・農業・農村白書」より）

が大きな特徴である。

（多面的機能の発揮）

第三条　国土の保全、水源のかん養、自然環境の保全、良好な景観の形成、文化の伝承等農村で農業生産活動が行われることにより生ずる食料その他の農産物の供給の機能以外の多面にわたる機能（以下「多面的機能」という）については、国民生活及び国民経済の安定に果たす役割にかんがみ、将来にわたって、適切かつ十分に発揮されなければならない。

と記されている。

例えば、二〇〇一年十一月の日本学術会議の答申「地球環境・人間生活に関わる農業及び森林の多面的な機能の評価について」によると、

1持続的食料供給が国民に与える将来に対する安心
2農業的土地利用が物質循環系を補完することによる環境への貢献
（1）農業による物質循環系の形成
（2）二次的（人工）自然の形成・維持
3生産・生活空間の一体性と地域社会の形成・維持
（1）地域社会・文化の形成・維持
地域社会の振興、伝統文化の保存
（2）都市的緊張の緩和
人間性の回復（うち保健休養・やすらぎ）、
体験学習と教育

と、記されている。

農業政策面でも、価格支持から戸別所得補償等の経営安定政策に変化し、市場原理の導入、消費者ニーズに応じた生産を促している。特にEUで広く採用されている「デカップリング政策（直接所得補償）」は新農業基本法で導入が初めて示された。農業所得だけで経済を成り立たせるのは難しく、かつ農山村の過疎化、高齢化が深刻化したことから農業以外の収入源が求められた。そうした状況下、日本型グリーン・ツーリズムは、共同体としての農山村集落の活性化にもつながることが期待され、国主導で始まったのである。

他にも、次の二点で国民的コンセンサスが得られたと考えられる。

一つは、「国策としての農業の限界」を国民の皆が感じ始めたこと。減反による農地の荒廃、外国農産物の自由化、流通革命を契機とした自主流通米、契約栽培、産直販売などの登場などが要因とされる。

もう一つは、「外部資本の開発による農村活性化の限界」を感じ始めたこと。バブル崩壊、大規模開発破綻のアンチテーゼとして、「地元の意志」「地元のコントロール・制御」「社会的経済的利益還元の仕組み」を持つ内発的な開発による雇用の場の創出が必要であることを認識したのである。

また、「食料の安全保障」という考え方も農村の観光振興を後押しした。食料の安全保障のためには、国内の食料の安定供給が必要とされ、そのためには農業の振興、農家の保護・育成が不可欠だという考え方である。ちなみに、食料の安全保障、わが国の農業を振興すべきかどうかという議論においては、食料自給率という論点が重要視される傾向にある。

食料自給率は、国内の食料消費が国内生産によってどれくらい賄えているかを示す指標である。供給熱量ベースの総合食料自給率は、エネルギー（カロリー）に着目したものであり、消費者が自らの食料消費に当てはめてイメージを持つことができるなどの特徴がある。二〇二〇年度の供給熱量ベースの総合食料自給率は、前年度に比べ一ポイント低下し、一九九三年度、二〇一八年度と並び過去最も低い三七％となった（図7－3）。

また、二〇〇〇年前後に国により正式に「農村における滞在型の余暇活動（グリーン・ツーリズム）の推進」が明記され、国民の農業・農村への理解と関心を深めるために、都市・農村交流を促進させることが目指された。具体的には農産物の直売や農業体験、市民農園の整備の推進などが挙げられている。

2. 都市農村交流、グリーン・ツーリズム政策の推進

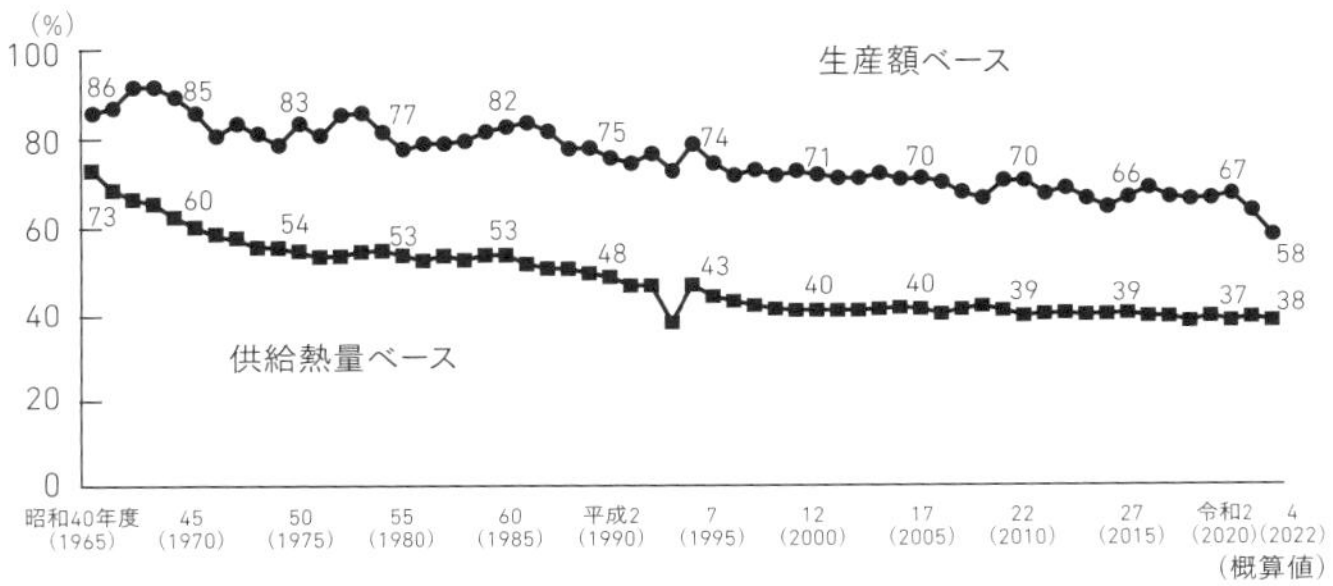

図7-3　わが国の総合食料自給率の推移（農林水産省「食料需給表」より。平成30（2018）年度以降の食料自給率はイン（アウト）バウンドによる食料消費増減分を補正した数値）

（1）日本型グリーン・ツーリズムに関する施策の歴史

日本型グリーン・ツーリズムは、農林水産省を先頭に行政主導で展開されてきたという特徴も有している。簡単に施策の流れを辿ってみよう。

一九九二年、農水省の新政策「新しい食料・農業・農村政策の方向」で、初めて施策として取り上げられた。翌一九九三年から「農山漁村でゆとりある休暇を」事業を実施し、その受け皿として一九九四年「農山漁村滞在型余暇活動のための基盤整備の促進に関する法律」（通称、農山漁村休暇法）が成立している。翌一九九五年には「農林漁業体験民宿業者の登録制度」が始まる。一九九九年には、先に取り上げた農業基本法を抜本的に改定した「食料・農業・農村基本法」で、基本的施策として、

第四節　農村の振興に関する施策（都市と農村の交流等）

第三十六条

国は、国民の農業及び農村に対する理解と関心を深めるとともに、健康的でゆとりのある生活に資するため、都市と農村との間の交流の促進、市民農園の整備の推進その他必要な施策を講ずるものとする。

と掲げられ、国の基本施策の一つとして位置づけられた。

二〇〇〇年代に入ると、都市・農村間交流はより推進されることとなる。二〇〇一年に「全国グリーンツーリズム協議会」が発足、二〇〇三年に「都市と農山漁村の共生・対流推進会議（通称：オーライ！　ニッポン会議）」が設立されるなど、国民的な運動として都市・農村間交流を広める活動がされた。同年には、農村の住民や団体が農家民泊や農業体験などを実施する際にハードルとなり得る農家民宿等に関する旅行業法や道路運送法、旅館業法などにおいて規制が緩和された。農家が民宿を始める際に定められていた最小客室面積が撤廃になり、狭い民家であっても民宿が始められるようになった。また、農家民宿が行う送迎輸送は道路運送法の許可対象外であり、農業体験サービスは旅行業法の対象外であり農業体験を宿泊に付加して販売・広告する場合も問題ないと明確化される。

二〇〇七年には「農山漁村活性化法」が施行された。「高齢化や人口減少が都市部以上に急激に進行すること等により、集落機能の維持が困難な地域の増加に直面している農山漁村地域において、定住等及び地域間交流を促進することにより、関係人口の創出、集落機能の維持につなげ、国民全体が農山漁村の魅力を享受し、農山漁村に新たな活力を生み出すための定住等及び地域間交流を促進する措置を講じることを趣旨とする法律」である。地方公共団体が作成する活性化計画に係る制度を創設するとともに、当該計画の実施のための交付金を交付する措置などを講じている。これにより同年度から農山漁村活性化プロジェクト支援交付金の制度が始まった。

さらに、二〇〇八年に総務省・文部科学省・農林水産省が連携して「子ども農山漁村交流プロジェクト」を開始し、小学校五年生程度の児童を対象に、学校として農山漁村での〝ふるさと生活体験（宿泊体験）〟を実施することを推進し始めた。二〇〇九年には、農林水産省と観光庁が「ようこそ！　農村へプロジェクト」を開始し、新たな旅行ニーズに対応した地域のグリーン・ツーリズムの取組を推進することにより、都市・農村交流の拡大および観光を通じた地域振興を図ることとし、農林水産省単独事業ではなく、教育や観光事業と関連づけられるようになった。

二〇一四年になると、VISIT JAPANトラベル&MICEマートにグリーン・ツーリズムエリアが設置され、海外からに誘客も視野に入れるようになり、観光色が強まった。VISIT JAPANトラベル&MICEマートは日本政府観光局（JNTO）が主催するインバウンド商談会であり、海外の訪日旅行取扱旅行会社等と日本全国の観光関係事業者が一堂に会する場であるが、そこにグリーン・ツーリズムに取り組む団体のエリアが二〇一四年より設置されるようになった。海外からの日本におけるグリーン・ツーリズムの注目を高めようという意図が窺える。二〇一六年には、農林水産業を核として訪日外国人を中心とした観光客の誘致を図る地域での取り組みを「SAVOR JAPAN（農泊食文化海外発信地域）」として認定する制度が始まった。ブランド化し、一体的な情報発信の実施で訪日外国人の誘客を強化することが狙いである。

(2) 都市住民を中心とした農をとりまく価値観の変化

一方、観光あるいは余暇活動としての農村の観光の需要はどうなのだろうか。

わが国では長い間、農山村というのは観光地とは切り離されたものだった。農山村が観光の対象になるのは、ナシ狩りやイチゴ狩りなどの観光農園的なものを除けば、ここ三十年ぐらいのことである。

農山村を訪れるというのは都市住民の観光形態だ。農村の風景や農業活動そのものが日常である限りは観光には結びつかず、国民に中に農業に携わっている人や農村風景を見慣れている人が多数を占めているうちは成立しない。多くの国民が都市住民となり、都市型社会が成立していることが最低条件となる。

湖水地方と並び美しい田園風景で有名なイングランドのコッツウォルズ地方では、広大でなだらかな丘陵地域に小さな集落が点在し、古いイングランドの面影を残した生活・風景が見られる。コッツウォルズは古くから羊毛の交易で栄え、コッツウォルズとは「羊の丘」という意味だ。美しい田園風景以外これといった観光要素も少ないのだが、農村集落をそのままのかたちで維持しており、毎年多くの観光客が訪れている。時間がゆったり流れている農村環境の中でのんびりと過ごす滞在スタイルが人々を惹きつける。産業革命が最初に起こったイギリスでは、都市対農村の構図が早くに明確化し、都市社会の歴史が長く続いている。そのため、数世代前から都市に住む労働者階級に故郷がな

図7-4　イングランドのコッツウォルズ地方（©Saffron Blaze）

い。そのことが、二十世紀に入った頃から、農村風景への憬れを産み、グリーン・ツーリズム需要を支えている。お金を貯めて、郊外の田園にカントリーハウスを持ち隠居するというのがイギリス人の老後の夢だそうである。

わが国では、高度成長期には都市部に住んでいても、まだ故郷に帰れば田んぼがあり、農繁期には農作業を手伝ったりしたもので、農村や農業はなかなか日常の域を出なかった。ところが近年、欧米並みに都市生まれやすでに離農している故郷しか持たない人々が急増している。そうした人々を中心に、自然回帰の欲求や農村風景への憧れが表面化し、農業が新しい体験になり、農村が目的地になるという状況になってきた。

同時に近年は、健康志向と相まって、有機農法やトレーサビリティなど農業のやり方や農産物の品質などへの関心が非常に高まってきている。自分自身で直接育てたいと願う人々も増えており、都市部の市民農園も募集時には高倍率になるなど、高い人気となっている。「地産地消」「スローフード」といったキーワードの流行も農山村での食の魅力を向上させるのに貢献している。

教育分野でも二〇〇五年に食育基本法が制定され、自然や生き物との触れ合い、慈しむ心を育てるという流れが生まれたこともあって、修学旅行や夏休みに、農村で農家民泊をしながらさまざまな農業や工芸品づくり体験し、人々と交流するという教育の一環として取り組む学校も着実に増加している。また必ずしも農と直接関わりはないが、アウトドア・ライフ、ハイキング、トレッキングといった農山漁村の自然環境の中で行われる活動への参加者も増加している。こうした自然志向の高まりは、コロナ禍、日本型会社組織の解体、ＩＴの進展などによる都市でのストレス増加が関連しているといわれる。そういった中で、癒し、やすらぎを求めて、山や森の中を歩く森林セラピーなどの拠点としても農山村は期待され始めている。

農村を訪れたり、農作業をすることが日常とは異なった体験として感じられる人々が、欧米並みに増えてきたといえよう。

3. インターネットの進展

農山漁村での観光が発展している大きな理由の一つにＩＴの進歩がある。

公益財団法人日本交通公社の調査によれば、国内宿泊旅行にあたっての情報収集先としては「インターネットの検索エンジン」が五割超と最も高く、次いで「宿泊施設のＨＰ」「インターネットの旅行専門サイト」となっている。かつては、どこかに旅行しようとする人は旅行会社かあるいは新聞や雑誌で情報を得て、目的地を決めるしか方法がなかった。提供される情報はすべての観光地ではなくて、旅行会社と提携しているかあるいは新聞や雑誌に掲載してもらえる地域しか消費者に情報を届けることはできなかった。場合によっては、旅行会社かあるいは新聞や雑誌それなりの金額を支払って初めて旅行の目的地としてエントリーできた。そういう時代には、観光が主産業であり、資金を観光プロモーションに投入できる地域や有名観光地だけが消費者の目に触れ、結果として旅行の目的地に選ばれることになる。しかし、現在はどうだろう。例えば「稲刈り体験」をしたいと思って、インターネットで検索すれば無名の農村でもヒットする可能性があるだろう。

他の世界、例えば通販の産直などは好例であるが、かつての情報のヒエラルヒーは崩壊してきている。観光プロモーションのノウハウを持たない農山漁村でもダイレクトに消費者とつながることができる。また、どこか一ヶ所の農家民宿がSNS上で評判を得ることで、そこへのアクセスから村全体に関心が広がるといったケースも見受けられる。

4. 日本型グリーン・ツーリズムの現状と特性

(1)日本型グリーン・ツーリズムの現状

どの程度の人がグリーン・ツーリズムを経験したことがあるのか、あるいはしたいと考えているのかなど、グリーン・ツーリズムの現状について確認してみたい。実のところ、都市住民のグリーン・ツーリズムへの参加はそれほど多くないといわれている。岐阜県が二〇一七年に行ったグリーン・ツーリズムの認知度などについての県政モニター調査では、「知っている」一九・六％、「参加したことがある」五・一％に過ぎないという結果が示されている。

現状では、都市住民の農への関わり方の多くは、道の駅などでの農産品購入や市民農園での野菜栽培に止まっており、たまに農山村を訪れる機会があっても、大部分は日帰りなど短時間で農村・農家を訪れているだけのようだ。「地域農産物の積極的な購入などにより、農業・農村を応援したい」という間接的な支持や農産品への意識は持っているが、実際に「積極的に農村に出向いて、応援したい、関わりたい」というニーズは決して高くはないと予想される。つまり、農業や農産品への関心は着実に高まってきているが、そのことと農山村を実際に訪れることにはまだ大きな隔たりがあるといえよう。

(2) 日本型グリーン・ツーリズムの定義と特性

わが国のグリーン・ツーリズムは農林水産省によると次のように定義されている。

「農山村地域において、自然、歴史文化、農業体験、人々との交流などを楽しむ、滞在型の余暇活動」

あるいは

「農山村の自然と文化をありのままに生かした、農家民宿などに宿泊する家族での長期滞在型の都市民の旅行形態。ドイツやフランス、オーストリアなどに普及している」

後で述べるように、滞在中心のリゾート型のヨーロッパ諸国のグリーン・ツーリズムに比べて、わが国は、農作業の実体験や農村の伝統文化に参加するといった体験・交流型であることに特徴がある。

5. 日本型グリーン・ツーリズムの類型

図7－5に書かれているのが、日本型グリーン・ツーリズムの代表的なメニューである。ここでは、活動する場所が農山漁村ならよいとし、農作業を行うもの、行わないも

の、両方を含めることとしている。朝市や道の駅、農産物直売所での買い物、農家レストランなどでの食事はもちろん、オートキャンプ、ハイキング、釣りなどアウトドアスポーツ全般も含む。グリーン・ツーリズムは解釈によっては、多種多様に展開しており、他の観光行動との境目も曖昧で、「観光農園」のような「みかん狩」など収穫体験に関しては昭和初期から存在している。

都市と農村の交流活動は、一九七四年の福島県三島町「特別町民制度」以後、活発化し全国に拡大した。「オーナー制度」に似たものとして、「山村留学」、「ふるさと会員制度」などもあり多岐にわたっている。一九七〇年代から、都市近郊で貸農園、日帰り型の市民農園が人気となる。これが農村部での滞在型市民農園や、非農業者の「援農」ボランティア制度、ワーキングホリデーへと発展していく。これらをきっかけに都市住民は次第に「農」、「農業」との距離を縮めていくこととなる。

「食」に関わるものとしては、一村一品運動などふるさと産品が注目されるようになり、流通の進歩も相まって、産地直送便、産物直売所、農家レストランと深化していく。

その他、「農村風景」という意味では、北海道の雄大なジャガイモ畑やラベンダー畑の風景が注目され、その後棚田などの風景を美的にとらえる動きへと続いていく。特に

取組みタイプ	取り組みメニューとその内容	
学習型	山村留学	山村留学を実施する
	自然教室	自然教室・自然観察会等を実施する
	修学旅行	修学旅行・実習を受け入れる
体験型	収穫体験	果樹等の収穫体験をさせる
	農業体験	農林漁業体験をさせる
	加工体験	農林水産物の加工・調理体験をさせる
	工芸体験	工芸体験をさせる
	文化体験	伝統的文化・行事を体験させる
もてなし型	農家民泊	農家民泊・ファームステイを実施する
	村内めぐり	村内めぐり・祭りの見学を実施する
	交流会	交流会・懇親会を開催する
	郷土料理	郷土料理等を提供する
物販・イベント型	地元イベント	地元でイベント・大会を実施する
	都市イベント	都市でのイベント・物産展に出展する
	特産品販売	特産品・地場産品を地元で販売する
顧客型	特産品宅配	特産品・地場産品を宅配する
	広報送付	広報・PRパンフレットを送付・配布する
	オーナー	田畑・樹木等のオーナーになってもらう
体験施設型	貸し農園	貸し農園・クラインガルテンを整備・運営する
	体験施設	体験施設を整備・運営する
一般施設型	宿泊施設	宿泊施設を整備・運営する
	物販施設	物産販売施設を整備・運営する
	飲食施設	飲食施設を整備・運営する
観光施設型	レジャー施設	レジャー施設を整備・運営する
	休憩施設	休憩・休養施設を整備・運営する
	文化施設	文化施設を整備・運営する
施設活用型	空家利用	空家・廃校等を利用・斡旋する

図7-5　グリーン・ツーリズムの取り組みメニューの分類
(小山環・十代田朗・津々見崇「農村における都市との交流施設の類型及び展開に関する研究」2002より)

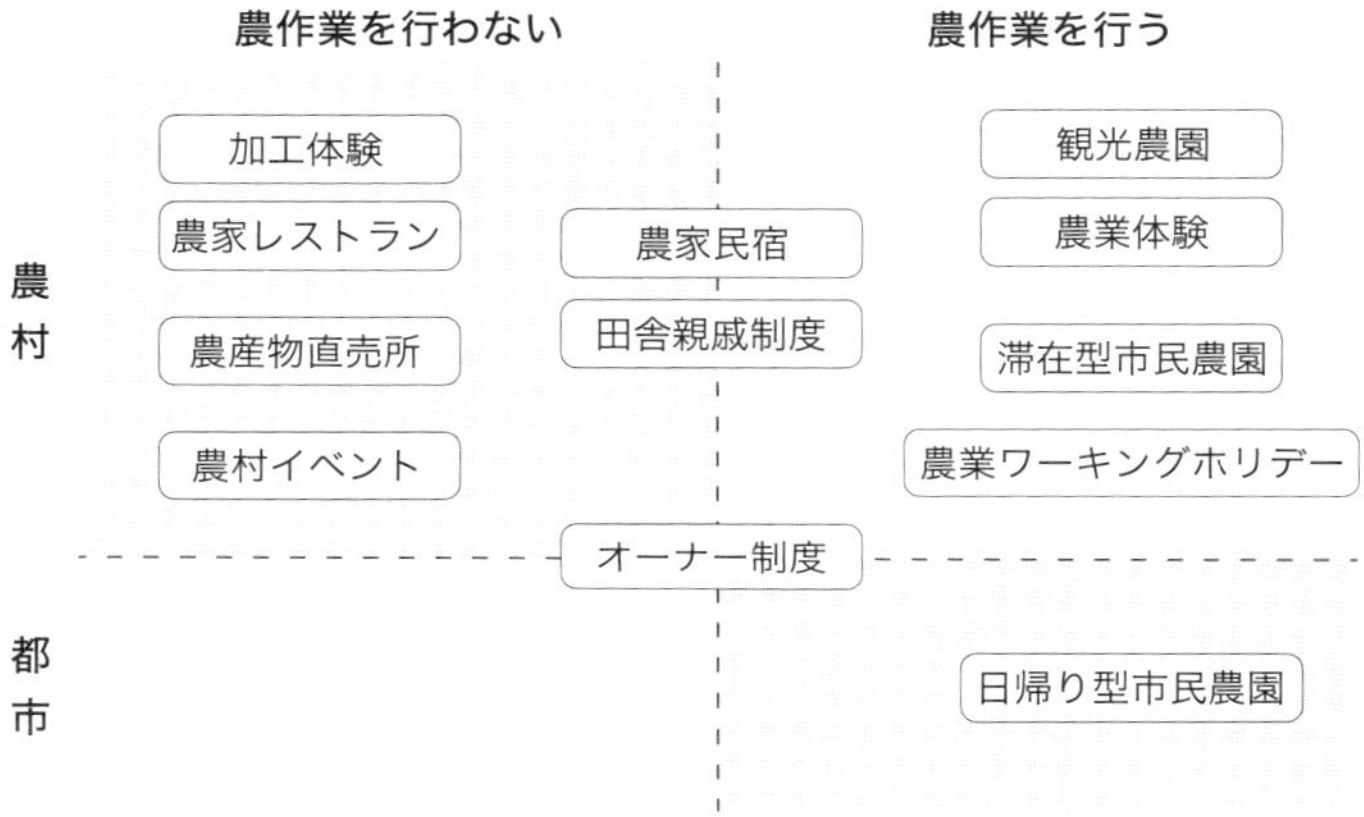

図7-6　グリーン・ツーリズムの取り組みメニューの位置付け

一九九〇年代に入って関心が高まっており、環境問題への意識からも「棚田」や「里山」の保存に対する運動は活発化している。「ふるさと基金」、「里山ボランティア」、「棚田ボランティア」など、活用しながら農村風景を保護する動きがみられる点に特徴がある。

現在の日本型グリーン・ツーリズムを代表するのは、農家民宿に宿泊するケースだ。「農泊」と呼ばれる。

農林水産省によると、農家民宿は全国で三千七百十五軒（二〇一九年）ある。また公設の宿泊施設も多くの観光客を泊めている。この他で宿泊を伴い、比較的熱心に農作業に取り組むタイプの二つのメニュー、滞在型市民農園とワーキングホリデーについて補足的に紹介して

図7-7　「坊主山クラインガルテン」（長野県松本市）

おこう。

一九九三年に開設した長野県松本市、旧四賀村《しがむら》の「坊主山クラインガルテン」は滞在型市民農園の先駆けである。「クラインガルテン」とは発祥の地であるドイツ語で「小さな庭」を意味する。日本では主に滞在型市民農園のことを「クラインガルテン」と呼んでいる。滞在型と呼ぶのは、一般の市民農園と違い、「ラウベ」と呼ばれる休憩小屋などがついているからだ。「坊主山クラインガルテン」は本場ドイツのものに比べてかなり立派な建物で構成されている。

次に長野県飯田市でのワーキングホリデーを紹介する。元々ワーキングホリデー制度は、青少年が海外で相手国の文化や生活を理解するため、最長一年間の長期滞在とその間の滞在資金を補うための仕事を互いに認める制度のことだ。しかし農村型ワーキングホリデーとは〝援農〟制度である。数日間、農家と寝食をともにして農作業の手伝いをする。援農はほとんどの地域で無償ボランティアだが、食事と宿泊を農家が提供する。本格的な農業に取り組んでみたい人には、さまざまなアドバイスをしたり支援機関を紹介してくれる。グリーン・ツーリズムの中では、かなり本格的な農作業体験である。

6. 日本型グリーン・ツーリズムの新しい資源

(1)グリーン・ツーリズムの市場性

まず、グリーン・ツーリズムの市場性についての問題がある。

前節で述べたようにグリーン・ツーリズムの市場規模は現在のところ、それほど大きくない。疲弊した農山村の救世主として、グリーン・ツーリズムは全国で取り組まれているが、リピートのしやすさ、自家用車でのアクセシビリティから考えて、やはり大都市圏近郊が有利であろうことは否めない。グリーン・ツーリズムに取り組む際には、マーケティングを綿密に行い、市場性と自らのむらの農業以外の地域資源の特性を見極めて差別化戦略を練る必要があろう。

(2) 農業資源への過度の依存からの脱却

次の課題は、農業資源への過度の依存からの脱却だ。

現在わが国で行われているグリーン・ツーリズムは、農水省が中心となって進めていることもあって農業との連携に重点が置かれ、農業振興や農村整備の中で、グリーン・ツーリズムを位置づけている。しかしヨーロッパでは、必ずしも農業が活動の軸ではなく、農作業体験なども数ある活動メニューの一つにすぎない。都市住民に農業を理解してもらうためだけに体験や交流を行っているだけでは、村の産業として根づかせることはできず、一過性のブームで終わってしまう可能性が大きいと考える。

オルタナティブ・ツーリズムでは、多種多様な農山漁村の地域資源が観光資源になり得る。図7－8に挙げるような農業以外の地域独特の気候・風土の中で育まれた、田園の風景、茅葺き農家、鎮守の森、村祭り、収穫祭といった地域の人にとっては何気ない日常の伝統的な生活や文化が観光資源となるのである。

交流資源	キーワード	具体例
田園風景	ふるさと、悠久、くつろぎ、懐古、素朴さ	里山の自然、棚田、季節の花・実
伝統的建築		茅葺農家、鎮守の森、屋敷林、散居村
祭り・年中行事		どんど焼き、鳥追い、収穫祭
田園生活・農業	本物、農本主義、人手、食育、西洋趣味	農業、田植え、稲刈り
健康で安全な食		郷土料理、有機野菜、地場産業、味噌造り
新しい農業の魅力		ハーブ園、アロマテラピー、ガーデニング
メディカル系	健康、癒し、自然回帰	森林療法、園芸療法、ヒポセラピー
自然系		ウォーキング、トレッキング、山野草観察
人間系	人間、ふれあい	体験、ガイド、昔話、市

図7-8　観光資源としての農山村の地域資源の例

(3) 認定制度の活用

地域資源にテーマ性、ストーリー性を持たせ、ネットワーク化し、統一したイメージをつくる手法としてエコ・ミュージアム、エコパーク、ジオパークという概念や制度が存在している。広い農山村域を結びつけることを可能になるため参考になる部分は多い。

① エコ・ミュージアム

農山漁村の各地にある地域資源を結びつけネットワーク化する手法の一つにエコミュージアムがある。エコミュージアムは、エコ（ecology）とミュージアム（museum）を結びつけた造語で、一九六〇年代後半にフランスで提唱された新しい博物館の考え方だ。日本エコミュージアム研究会

図7-9　農村風景：松崎・石部の棚田

によると「エコミュージアムは、地域社会の内発的・持続的な発展に寄与することを目的に、一定の地域において、住民の参加により環境と人間との関わりを探る活動としくみである」と定義されている。

エコ・ミュージアムは、一定領域（テリトリー）の中に、コアミュージアムと複数のサテライトミュージアム、それらをつなぐディスカバリートレイルで構成される。

わが国では、山形県朝日町が先駆的にエコツーリズムに取り組んだ。朝日町では、「エコミュージアムは、朝日町民にとって見学者であると同時に出演者であり、町はまるごと博物館になり、住民は誰でも学芸員になる」としている。朝日町のエコミュージアムも「創遊館」というコアセン

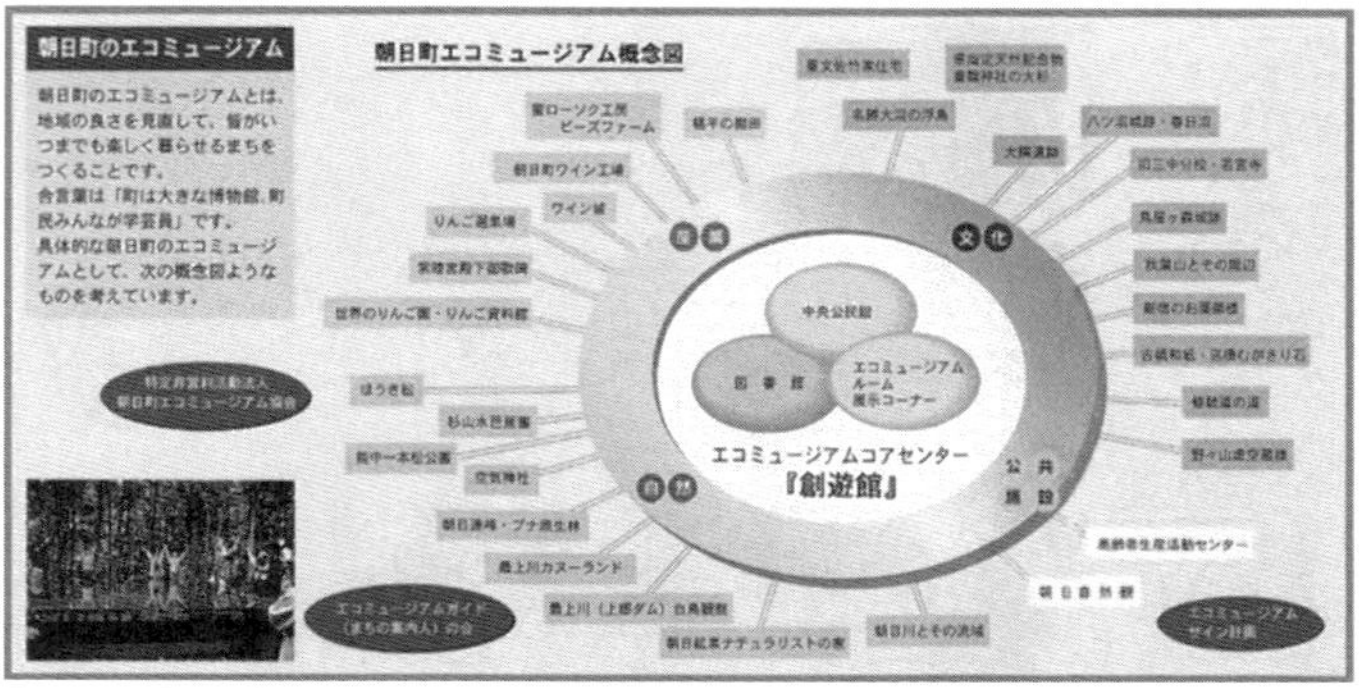

図7-10　山形県朝日町エコミュージアム概念図

ターとサテライトで構成される。コアセンターでは、サテライトの詳しい情報や資料を求められるほか、案内人の手配、宿泊案内、エコミュージアムに関するさまざまなイベントも実施している。

　またエコミュージアムでは、建物がなくとも、森や大木、大岩など地域の何気ない自然や風景、歴史・文化を表現するものも地域資源としてサテライトになる。

②ユネスコエコパーク

　ユネスコの自然科学セクターで実施されるユネスコ人間と生物圏（MAB：Man and the Biosphere）計画における一事業として実施されている。生態系の保全と持続可能な利活用の調和を目的としており、保護・保全だけでなく自然と人間社会の共生に重点が置かれている。地域は核心地域（厳重に保護。モニタリングと基礎研究のみ可）、緩衝地域（教育・研修、レジャー、実験的研究に利用可）、移行地域（居住区可。地域の社会発展・経済活動を担う）に分けられる。

日本では、一九八〇年に屋久島、大台ケ原・大峯山、白山、志賀高原の四地域が国内初のユネスコエコパークに登録された。国内においてエコパークへの登録が活発に行われるようになったのは二〇一二年の綾BR（Biosphere Reserve、生物圏保存地域）の登録がきっかけである。綾BRは国内初の移行地域が設定されたエコパークとして登録された。これを機に二〇一四年には只見BR、南アルプスBRが、二〇一七年には祖母・傾・大崩BR、みなかみBRが、二〇一九年には甲武信BRが新規に登録された。二〇二二年一月現在、日本国内で十地域の登録を受けている。

③ジオパーク

ジオパークとは、「地球・大地（ジオ、Geo）」と「公園（パーク、Park）」とを組み合わせた造語で、地質・地形に関わる自然遺産を中心とした公園である。地域の地球科学的な自然遺産、さらには各種自然・文化遺産を保全するとともにその価値を学び、子供たち

図7-11　三笠ジオパーク（北海道三笠市、右上はシンボルマーク）

への教育を支援し、観光客に地域の自然と伝統文化を楽しんでもらうためのさまざまな活動を行う仕組みである。自治体、地域住民を中心としたボトムアップの組織で運営され、ジオツーリズムとその関連事業により持続的な地域振興をめざす。

日本には世界ジオパークネットワーク（GGN）に協力するジオパークの評価・審査組織として日本ジオパーク委員会（JGC）がある。GGNに加盟を認められた地域が世界ジオパーク、JGNに加盟を認められた地域が日本ジオパークである。国内に九地域（世界認定）、三十四地域（日本認定）がある。

エコパークは生態系、ジオパークは地形や地質系と主眼が異なっているものの、制度の目的や登録要件は似通っている点が多い。どちらも地域振興を目的の一つとしていることやネットワークの参加が登録要件になっていることも共通している。エコパークとジオパークの相違はゾーニングや国内法の保護担保措置など制度面にある。ジオパークにはゾーニングがなく、ジオサイト（点）の集合体という考え方に対して、エコパークはゾーニング（面）によって地域の範囲が特定されている。またジオパークに法的根拠はなくエコパークのように、国内法の保護がなくてもジオパークに登録されているケースはある。

7. オルタナティブ・ツーリズムによる国内観光地の再生

実は、農山村がこれまで、観光による地域振興に取り組んだことがないわけではない。その代表がスキー場開発による観光振興だ。農山村にはスキー場開発を中心にしたマス・ツーリズムによる冬の観光客誘致により地域経済を支えてきた地域が多く存在する。こうした地域は、地理的・自然条件的ハンディによって、工場誘致や都市集積がなさ

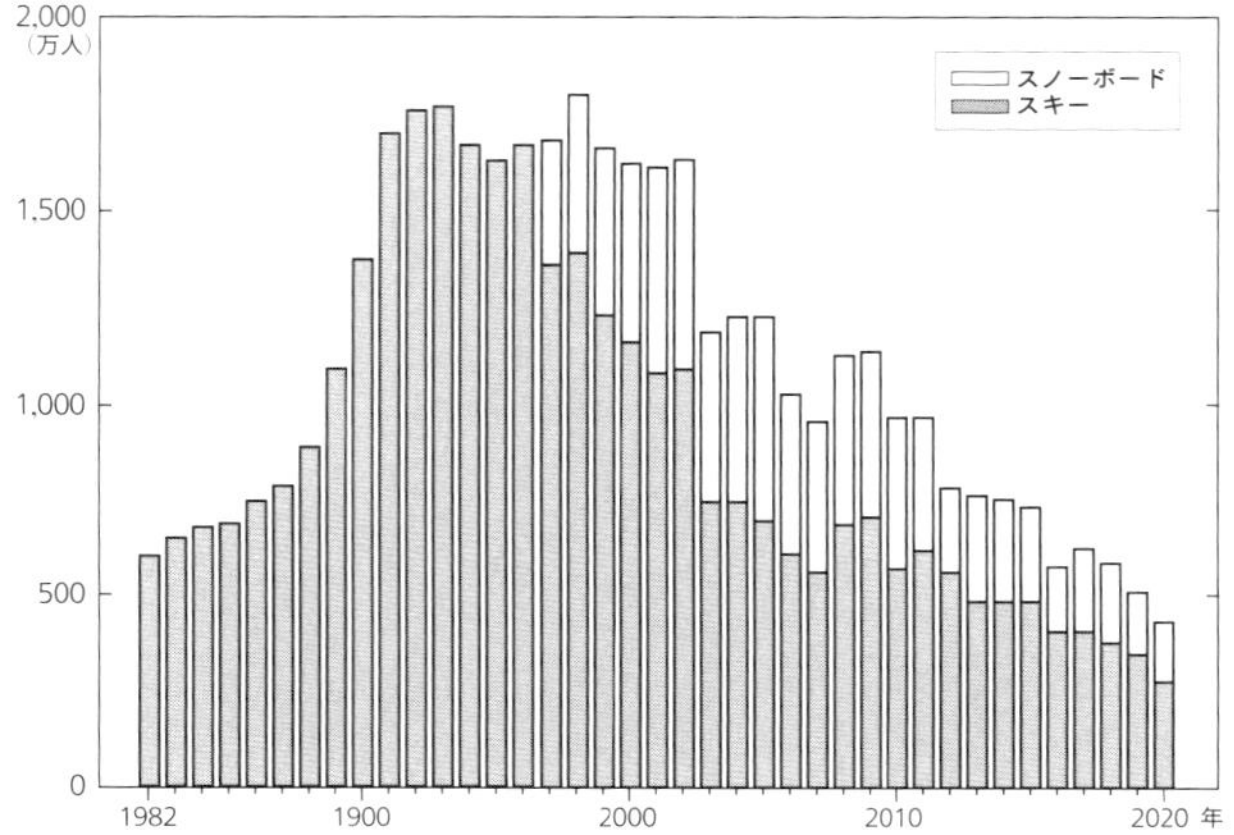

図7-12　スキー人口の推移（1996年まではスキーのみ調査。97年以降、両競技の重複は考慮していない。日本生産性本部「レジャー白書」より）

れず、農業も平場とは異なり稲作は難しい地域だった。そのためスキー産業を地域の基幹産業の一つとしてきた。ところが近年、スキー人口が低迷してきたため、スキーを中心とした観光産業は疲弊している。

図7－12はスキー人口の推移を表しており、年々大きく減少してきた。こうした状況の中、スキー場を抱える多くの農山村は危機的な状況に直面しているが、その打開策としてグリーン・ツーリズムに期待をかけている。

長野県飯山市

こうした地域の典型例である長野県飯山市では、豊かな自然に加え、映画『阿弥陀

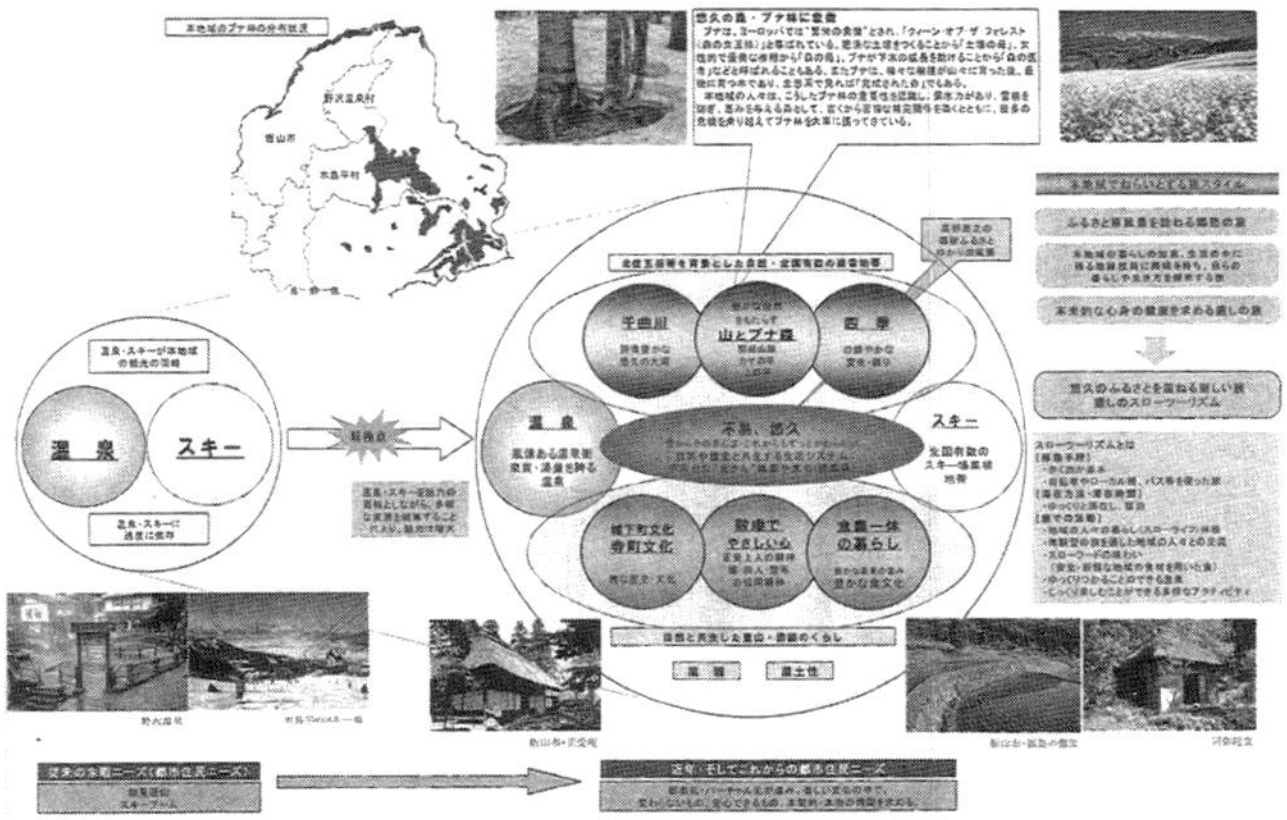

図7-13　飯山における地域資源の関係概念図（「信州菜の花地域ウェルカムプラン策定調査報告書」2006より）

堂だより』のロケ地となったような「昔懐かしいふるさとの情景」、正受上人の精神が受け継がれる「気高い精神文化」を地域資源とし、多様なイベントや体験プログラムを提供することで、春から秋にかけての来訪者やリピータが増えつつある。こうした地域資源は、地元住民にとっては当たり前に昔から存在していたものではあるが、オリタナティブ・ツーリズムの潮流の中で、新しく発掘・創造された観光資源といえる。

山から町まで、場所を問うことなく、「不易」「悠久」「敬虔でやさしい」といった、いわば「心のもちよう」を軸に多様なイベントや体験プログラムが提供されている。こうした眼に見えない精神的な地域資源も、地元住民にとっては当たり前に昔から存在していたものではあるが、オリタナティブ・ツーリズム、新しい観光の潮流における観光資源としてふさわしいといえよう。

海辺からも事例を一つ。

瀬戸内海の島々

瀬戸内海の八つの島（直島、豊島、宮島、因島、生口島、江田島・能美島、周防大島）のオルタナティブ・ツーリズムの登場について分析した筆者らのグループの研究では、一九九〇年と二〇一五年の「るるぶ」に記載されている観光資源のうち一九九〇年から存在していたものと近年登場したものを調査し分類を試みた。その結果、江田島・能美島を除く六島は何かしらのオルタナティブ・ツーリズムの資源があった。また新しい観光資源で特に多かったのは「アート・美術館」で、三島で確認された。また「自転車」「クルーズ」も二島で確認できた。また二〇一五年の「るるぶ」に掲載されている観光資源の数に対して、九〇年には記載されていなかった観光資源、つまり「新しい観光」資源と考えられるものの数の割合をみると、直島はすべての観光資源が九〇年以降に記載されたものであった。また豊島も一〇年から掲載されるようになったためすべての資源が「新しい観光」資源であった。生口島と周防大島は半数が新しい資源であった。

具体的には直島は、福武財団が建設した美術館・アート作品および二〇一〇年からの瀬戸内国際芸術祭によって観光客が増加したことで発展した。この観光形態をアート・ツーリズムとする。直島では、従前は「釣り」「キャンプ」「海水浴場」などが観光の目玉だった。アート・ツーリズムは九二年の「ベネッセハウス」開業から始まり、二〇〇四年の「地中美術館」開業で観光客が倍増した。以降も美術館・アート作品の開発と芸術祭開催により観光客、観光産業施設とも増加している。また観光客の九割がアート・ツーリズムを目的としているとされる。しかし近年、直島や豊島では、瀬戸内国際芸術祭開催期間を中心に、この新しい観光、アート・ツーリズムはマス・ツーリズム化しており、オーバーツーリズム問題が表面化している。

周防大島（屋代島）は、継続的に観光客数が増加しており、観光協会によれば九〇年代前半はリゾート開発、九〇年代後半は本州との間にかかる大島大橋の無料化が増加要因である。二〇〇〇年後半からは観光協会が主導し、既存の観光資源の活用・売り出し方を変えてオルタナティブ・ツーリズムを生み出している。大島みかんを使用した「周防大島ミカン鍋」（二〇〇六年）、戦前にハワイ移民が多かったことに由来した「瀬戸内のハワイ」（二〇〇六年）のイベントの開催などを行っている。また以前からある観光資源の四つの奇岩をパワースポット「しあわせ奇岩」（二〇一〇年）として売り出している。このような新しい施設建設に頼らないソフト面の取り組みにより、メディアへの露出が増え、観光客数が増加している。地元観光協会主導でオルタナティブ・ツーリズムの創出と観光客誘致に成功している点が特徴である。

「晴耕雨読」。

老子、荘子の「無為自然」（人為を捨てて自然のままに生きること）の思想で、俗社会から脱出し、田舎で帰隠の生活を送ることである。

晴れた日は、田舎で農作業をし、自給自足を図り、雨の日は家で本を読んだり、詩や絵を書いたりして日々を過ごす。このような生活スタイルはかつてのわが国の知識人が求めた理想であった。農山村は、現代に限らず、明治以降、急速な近代化、西洋化で失われてきたものを求め、都市化で生じたストレスを癒すための大切な役割を担ってきた。

農山村での体験や交流、いわば「晴交雨読」は、日本人が二十世紀に失ったもの、あるいは生み出した歪みを回復し、二十一世紀に世界に誇れる彩り豊かな日本の文化や生活を再構築していく上で、たいへん重要な役割を担うのではないだろうか。

今後の課題と方向性 編

最後に第八章では、従来型の「マス・ツーリズム」、「リゾート」、そして第三の潮流である「オルタナティブ・ツーリズム」について、主に受け入れる地域側からみた課題と方向性について論じることとしたい。

◉第八章　持続可能な観光振興に向けての課題と方向性

1．マス・ツーリズムの課題と方向性

オルタナティブ・ツーリズムが隆盛と言っても、マス・ツーリズムが減ってきているわけではない。世界的に見れば、むしろ増加している。特にわが国は急激に外国人観光客が増えたため、さまざまな課題を抱えている。ここでは、主にオーバーツーリズムの問題をとり上げ、その対応策について、都市計画とマーケティングの側面から論じてみたい。

(1) オーバーツーリズムへの対応

大量の観光客が一つの地域に押し寄せる現象は、多くの観光地で起こっており、いわ

ゆるオーバーツーリズム問題が生じている。まずは、この問題に触れておこう。

オーバーツーリズムとは、国連世界観光機関（ＵＮＷＴＯ）が二〇一八年九月に発行したリーフレット「'Overtourism'? – Understanding and Managing Urban Tourism Growth beyond Perceptions」によれば、この言葉は二〇一六年に旅行業界向けメディア「スキフト（Skift）」によって初めて生み出されたとされている。オーバーツーリズムの定義について、本リーフレットでは、リーフレットの作成に携わった大学が整理した以下の定義を引用している。「観光地やその観光地に暮らす住民の生活の質、及び／或いは訪れる旅行者の体験の質に対して、観光が過度に与えるネガティブな影響」。

また二〇一八年版「観光白書」ではオーバーツーリズムについて、以下のように述べている。「特定の観光地において、訪問客の著しい増加等が、市民生活や自然環境、景観等に対する負の影響を受忍できない程度にもたらしたり、旅行者にとっても満足度を大幅に低下させたりするような観光の状況は、最近では「オーバーツーリズム（overtourism）」と呼ばれるようになっている」。ＵＮＷＴＯは、オーバーツーリズムは適切な観光地マネジメントの欠如と無秩序な開発によって起こるとしており、観光地の適正容量を守ることが肝要だとしている。

オーバーツーリズムは、このように近年生まれた言葉ではあるが、観光が地域に与える負の影響に関しては、「ツーリズム・インパクト」と呼ばれ、地域における対応策は古くから必要とされてきた。その一つが、過度な観光客の流入を抑え、入込客数を平準化していく方策である。

観光客数の平準化には二つの目的がある。一つは、混雑によって観光客の満足度を下げないよう快適な見学や体験環境を整えるため、もう一つは、地域への影響、自然環境なら生態系への負荷軽減など、歴史文化環境なら周辺住民の生活への影響緩和である。これらは観光客数が適正容量を超えると急に顕在化してくる。大量の観光客が押し寄せることによる騒音、交通渋滞、ゴミ問題など、地域や住民に与える負の影響を解決することは、観光が住民の信頼を得るためには不可欠であろう。

実際、自然環境に関しては、珊瑚礁などへの悪影響が世界各国のリゾートで報告されている。観光客が多すぎて、キャリング・キャパシティ（環境容量）を超え生態系への負荷がかかってしまっていることが問題となり、入域規制などを設けて対策を講じている地域も増加してきた。

歴史文化環境でも、観光客が多すぎることに住民の批判が集まり排斥運動に発展し、

種別	地域名	対策(案も含む)
キャパシティ・オーバー	ギリシャ・サントリーニ島	上陸人数制限
	イタリア・ベネチア	ゲート設置
自然環境破壊	タイ・マヤ湾;サンゴ礁・海の生態系破壊	観光客入域規制
観光客マナー	フィリピン・ボラカイ島;汚水問題	観光地閉鎖
	イタリア・フィレンツェ;教会の階段	水やり

図8-1　オーバーツーリズム問題の例(観光庁資料から抜粋して作成)

バルセロナやアムステルダム、ヴェネチアなどで宿泊施設の立地規制などが行われている。京都市や鎌倉市などでは、観光客数の平準化や住民生活への悪影響防止のために、夜間のライトアップや閑散期の特別公開、住民専用のバス運行などさまざまな対策が取られてはいるが、抜本的な対策になり得ていないのが現状であろう。

わが国でも、多くのまち歩き雑誌が出版され、全国津々浦々、観光客が訪れ、今や観光客が来ない土地を探す方が困難な状況を作り出されている。

わが国の観光振興策の歩みをみてみると、必ずしも地元住民をも満足できる地域を作り出していくことには成功していない。観光業に携わらない住民にとって、観光化は何のメリットももたらさないと思われてきたことも要因の一つであるが、実際に大きな損失も与えたというのも事実だと思われる。地方では、バブル期のリゾートブームが引き起こしたアレルギーは記憶に新しいはずだ。

また、まだあまり目立たないが、伝統文化的な問題も多く発生している。

沖縄県南城市久高島

久高島では「観光資源が信仰対象で地域住民が大切にしているものであること」で観光客と住民との間での文化背景の理解に差が生じそれによって、ツーリズム・インパクトが生じている。具体的には、この島は、琉球の始祖アマミキョが君臨し、五穀を初めて伝えたところといわれ、「神の島」として崇敬を集める聖地である。島には琉球開闢神話を始め、祝女《ノロ》制度、母性原理による祭祀など精神文化の古層が今に伝えられ、民族的に貴重な島として注目されている。

島内各地に点在する御嶽・拝所・殿・井などの聖地には許可なく立ち入ることが禁ぜられているが、観光客はそれを知らずに入ってしまうために問題が生じている。対策としては主にガイドによる周知を行っているが、観光客全員にガイドをつけることは人手の問題もあり難しいという。また看板での注意喚起や、久高島へ行く途中の船での注意喚起を行っているものの、それでもなおその場所へ入ってしまう観光客が後を絶たない。

長期的には観光客の人数制限も視野に入れているという（二〇二〇年十二月十八日、南城市観光商工課への新保卓己氏によるヒアリングより）。

ツーリズム・インパクトが少ないと考えられているのが、オルタナティブ・ツーリズムであるかもしれない。オルタナティブ・ツーリズムは「サスティナブル・ツーリズム」とほぼ同義で、マス・ツーリズムに比べ地域の自然や文化への影響は少ないといわれている。

しかし、自然環境への影響は、従来型の観光開発に比べて少ないにしても、地域の伝統的文化や産業、人間同士の交流をいわば観光資源としていくのだから、地域社会や生活への侵入度はより強いと考えられる。特に今まで農業一筋の農村など、観光地としての蓄積がなく、これまで不特定多数の人との接触などなかった地域では、オーバーツーリズムとまではいかなくてもツーリズム・インパクトには十分注意を払う必要があろう。

一部の人が訪れていたにすぎなかった地域が、メディアに露出したり、SNSで発信されたりしたことで、突然、大量の観光客が訪れてようになるという現象も各地で頻繁に見受けられる。オルタナティブ・ツーリズムがマス・ツーリズム化してしまうこともある。

こうしたツーリズム・インパクトをできる限り抑えるには、第一に、どのくらいの人に来てほしいのかということを、綿密なマーケティングに基づき明確にする必要がある。それに即して、行政が観光地化による負の影響をできる限り押さえ、良好な観光地を形成するために適正な開発速度・規模、環境の維持・育成を誘導するよう観光地形成のシナリオを描くことが重要である。

さまざまな社会・文化的摩擦の軽減プランをも考慮した、単なる総合計画や土地利用計画ではない、観光地としての特性を踏まえた観光地としてのマスタープランを作成しておくことで地域側が主導権を握れるように努めたい。

また、財政負担に関しては宿泊税や入域税によってゴミ処理等の行政サービスの費用を捻出することも考えざるを得ない状況にきている。

(2) わが国の都市計画制度と観光

現在、わが国の都市計画制度における観光地の位置づけに見てみると、多くの都市部でも観光振興に重点を置き始めているにもかかわらず、都市計画関連の現行法の中に、観光振興に資するような使い方ができる法制度はほとんどない。

唯一、観光的土地利用を規定できるのは、市町村の条例により用途地域内に設けることができる「特別用途地区」の一種である「観光地区」である。「観光地区」では用途制限の強化と緩和が可能である。国土技術政策総合研究所によると、「観光地区」は全国で二十一地区あり、その大部分は住居系用途地域において指定され、宿泊施設や飲食・物販施設等の立地を可能にしている。例えば、第二種低層住居専用地域に指定されている別荘地で、本来は制限されるホテルや旅館の立地を可能にしている例がみられる。大抵は既存の観光関連施設の立地を認めるために指定されており、観光地としての景観の規制や保護に用いられている例はほとんどみられない。

バルセロナやアムステルダムなどでの宿泊施設の立地規制やヴェネチアでの入域規制など、世界的にみれば、オーバーツーリズム対策が都市計画的手法を用いて進められている例も多い。歴史的建築物群と新築の観光関連施設との調和を計りたい地区、良好な温泉地や門前町の景観を維持したい地区、観光資源の集積している地区、さらには今後観光まちづくりを進めたい地区では大いに参考になりわが国への導入・活用も望まれる。

図8-2　ホイヤンの日本橋（左）と入場券の販売所（右）

ベトナム・ホイアン

世界遺産であるベトナム・ホイアンでは、観光する際に入場券の購入による入域料の支払いが必要となる。売上げは旧市街を維持する保全費用に充てられる。観光地側の観光客数を平準化するための努力だけではなく、観光客側もある程度の金銭的負担もやむないと考えるようにならないと、観光地の適正容量を守ることは難しいであろう。

(3)ディスティネーション・マネジメントの導入

観光振興において、もっとも重要なのは地域側が主導権をとるということである。観光市場は移り気なものだ。消費者の志向ももちろん、TVや映画、アニメなどメディアでの流行、あるいは景気、海外から旅行者の場合は、為替、政情、天災、疫病などさまざまな要因で来訪者は量的・質的に急激に変化する。コロナ禍やウクライナ侵攻で観光客が激減し、多くの観光地では改めてこのことを噛み締めたであろう。

こうした変動に一喜一憂せず、観光でのまちづくりを考える場合、観光市場の動向とまちづくりのスパンとは異なることを常に頭に置いておくことが重要であろう。

では、地域側はどのように構えていればよいのだろうか。地域は、ディズニーランドのように次々と目新しいアトラクションに投資できるわけではない。いささか抽象的な言い方であるが、「流行」は追わず「不易」な地域資源を発見することに尽力することである。この場合、「不易」であるかどうかは、観光客にとってではなく地域住民にとってだ。地域の「光」を見つけ出し、「うちには、こんなにいいものがあるのだから、お客さんは遠くから来てくれるはずだ」と、まずは自らの自慢や誇りに思うことが先にありきでよいと思う。もちろん、地域の自慢や誇りと観光的魅力とは必ずしもイコールではない。「観光客など来なくともよし」とする覚悟も必要だ。「自分たちが美味しければ、楽しめればよい」というB級グルメによるまちおこしがこの典型ではないだろうか。

観光客に媚びた整備や施策、特にハードのインフラ整備、いわゆる「ハコモノ」は、将来、負の遺産として住民に重くのしかかってくる危険性がある。また観光産業を一からスタートして、地域の主産業として位置づけるのはかなりの無理難題だろう。あくまで魅力ある地域づくりを目指した結果としての観光であるべきだと考えるのである。

さらに一歩進んで、自ら誇る「光」を提示し、観光客の側に新たな「見方」を獲得させる努力が必要とされる場合もあるだろう。そのことで観光客は予期せぬ新たな観光的満足を得ることもあるのだ。

ただし当たり前であるが、人々に認知されていなければどうしようもない。まず知ってもらうこと、次に訪れたいと思ってもらうことへの努力を怠らないこと。でないと観光客は来るはずもない。「光」を示し知らしめていく努力は必要である。

では、こうしたマーケティングの基本ともいうべき戦略の担い手は誰であろうか。都市部でのまちづくりでは、地域における良好な環境や地域の価値を維持・向上させるための、住民・事業主・地権者などによる主体的な取り組みが必要であるとされている。これをエリア・マネジメントと呼ぶ。観光振興を推進するためには、従来のエリア・マネジメントに加えて、観光市場を意識した取り組みを追加する必要がある。具体的には、①地域資源の管理・運営、魅力づけ、②地域のブランド力の強化（まず名前を知ってもらうこと）、③マーケティングからプロモーション（広告・宣伝）までの実施、が重要戦略とな

図8-3　オーストリア・チロル州のブランド化

る。これをディスティネーション・マネジメントと呼ぶ。これらを組織化・体系化して取り組む中心的な組織が必要となる。

小国ではあるが観光立国であるオーストリアでは、小さな村でも財源的にも人員的にも独立した観光局を設けており、開発許可からマーケティング・PRまで観光事業に関しては大きな権限を有している。

オーストリア・チロル州観光局

写真は、オーストリア・チロル州観光局のオフィシャル・ショップだ（図8－3）。オーストリアでもっとも観光収入の割合が高いチロル州観光局では、州名自体をブランド化している。

W杯クラスの大会のスポンサーになったり、出身のスキー選手にスポンサードしたりしながら地名をアピールしている。一般の企業と同等に広告戦略を展開しているわけである。当地で作られる産品にチロルブランドを付けて、地域の売り物であるアルプスと結びつけながら販売もしている。

近年、わが国の多くの観光地にもDMOあるいはDMCと呼ばれる観光振興を担う組織が誕生したが、こうした企業に近いかたちで戦略展開している組織は数少ない。浮き沈みの激しい観光振興において、もっとも重要なのは地域側が主導権をとることであり、マーケティングを中心とした地道な調査を蓄積する組織が必要とされるのである。

2. リゾートの課題と方向性

リゾート整備の必要性を議論するときに、常に出てくる説として「日本人にはリゾートは向かない」というものがある。しかし、先に歴史をみてきたように、かつてのわが国には多くのリゾートといえる空間が存在していたのも事実である。ここでは、まずわが国のリゾートに欠けているコンセプトについて論じてみたい。

(1)地域としてのリゾートコンセプトの確立

わが国のリゾート施設を見ていると皆同じに見える。海辺ではホテルやコテージを核にプライベートビーチ、スパ、プール、時にマリーナ、高原・山岳ではやはり核はホテルやコテージで、スキー場かゴルフ場、スパといった施設構成が多い。施設利用者以外立ち入れないクローズドしているゲーテッド・コミュニティがほとんどで、周辺地域への拡がりはほとんど感じさせないし、空間的にも連続性はない。

そのため、わが国は、海外のニースやモナコ、サンモリッツやアスペンのような、地域まるごとリゾートと呼べるような地域は沖縄の離島、軽井沢、ニセコ、白馬などごく限られている。

このようにまちとしてリゾートが存在しないのは、いくつか要因があると思われるが、一つは、コンセプトの欠如だと思う。では、わが国ではどのような地域のコンセプトづくりが可能なのだろうか。少し考えてみることとしよう。

〈健康〉

健康でいることは、人間にとってもっとも重要な願いであろう。温泉湯治や海水浴など、健康とリゾートの関係は古く深いが、これらは観光の大衆化の中でレジャー化してきた。

しかし近年、健康づくりをテーマとしたヘルス・ツーリズムが注目され始め、日本の各地でその取り組みが見られるようになっている。これらのヘルス・ツーリズムは地域資源を活用したプログラムを開発し、観光客のみならず地域住民の健康づくりにまでその取り組みが拡がっている点で他のツーリズムには見られない特徴を有している。

ここでは、先駆的な取り組みをしてきた山形県上山市を紹介する。

山形県上山市

宿泊客の減少や市民医療費の増大といった問題を抱えていた上山市は、二〇〇八年からドイツのクアオルトをモデルとしたまちづくりを展開した。なかでもクアオルトで実践されている「気候性地形療法」の導入を目指し、市が「上山市温泉クアオルト協議会」を設立してプログラム開発やガイド人材の育成に取り組んだ。協議会では市民を対

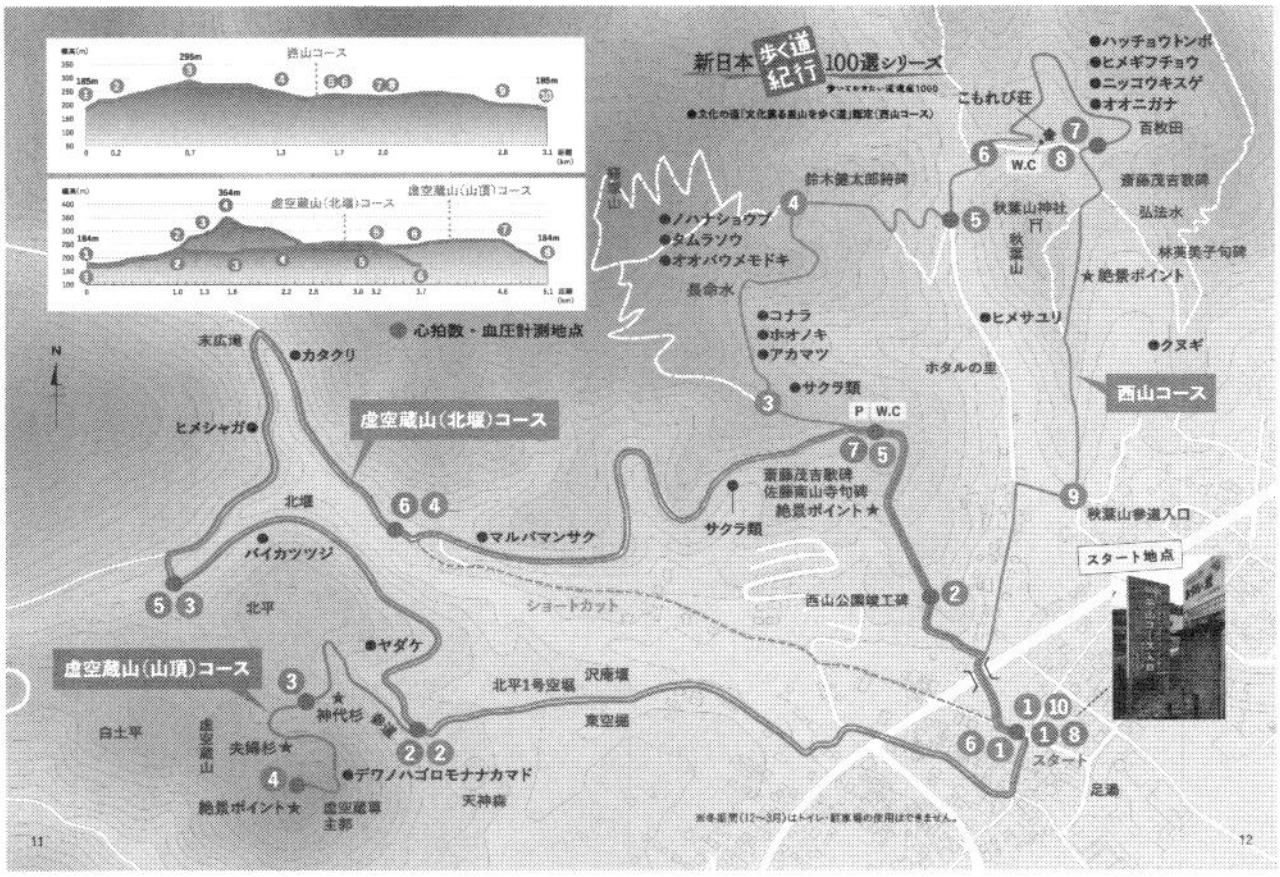

図8-4　かみのやまのウォーキングマップ（上山市HPより）

象としてウォーキング効果の検証を行い、一定の健康効果があることを示した。こうした経緯を経て、二〇〇九年に旅館が認定コースを利用した「早朝ウォーキング」を、二〇一〇年からは観光協会が専任ガイド付きの「土日ウォーキング」を開始し、後者は二〇一一年から「毎日ウォーキング」に名称を変え、年末年始を除き年間三百六十日開催するプログラムとなった。

ただ「毎日ウォーキング」はその参加者のほとんどを市民または県民が占めており、リゾートづくりに広がっているとはいいがたい。地域外での取り組みとしては、学術機関との協力によるウォーキングの効果検証、上山へ来訪する首都圏企業によるウォーキングプログラムの活用などがみられる。県外から観光客を誘致するためには、温泉地であるかみのやま温泉との連携による健康プログラムづくりや滞在パッケージなどの開発が求められている。

健康づくりは、温泉湯治や初期の海水浴にみられるように長期に滞在することで効果が上がるものも多いので、リゾート的な滞在へとつながっていくことも期待される。

〈仕事場〉

近年、コロナ禍とインターネットの発達を背景に、地方や郊外に移り住んだり、一時的に居を移したり、あるいはリゾートで仕事をしたり、仕事と遊びをかねて旅行したりする動きが活発化している。テレワークやワーケーションといった言葉も飛び交っているが、こうした動きが観光地やリゾートにどのような影響を及ぼすのか考えてみよう。

まず、テレワーク。テレワークとは「tele」（離れた所）と「work」（働く）を組み合わせた造語で、ＩＣＴ（情報通信技術）を利用し、働く時間や場所を自由に選択できる柔軟な働き方のことである。テレワークを利用して働く人のことをテレワーカーと呼ぶ。都市

大分類	小分類	具体例
旅行目的型	休暇活用型	休暇中に一定の業務遂行を伴う旅行
	休暇非活用型	働きながら旅行する新しい働き方・旅行のスタイル
仕事目的型	集中型	文豪型逗留、ビル・ゲイツ型Think Week、開発合宿
	交流型	オフサイト・ミーティング、チーム・ビルディング、研修、ブリージャー(出張＋休暇) 地域住民との交流、ボランティアなどのCSR活動、文化体験などのアクティビティ

図8-5　ワーケーションの類型(ニッセイ基礎研究所HPより)

部でのテレワークが主流であるが、農山漁村の空き家や古民家を借りて、あるいは地元が用意したシェアオフィスで比較的長期で滞在し、仕事をこなす人々もいるようだ。

テレワークをきっかけに地域を気に入り移住してしまう人々も現れた。こうした人流はまだまだ小さいが、交流人口や半定住人口から定住人口へという移行が大きなうねりになれば、国土の人口分布さえ変える可能性を秘めている。この移動のための装置として宿泊のできるリゾート施設は最初のきっかけを用意することができる。宿泊客の減少に悩む施設、人口減少に悩む農山漁村には絶好の機会であり、ぜひトライしてほしい。

もう一つが、ワーケーション。ワーケーショ

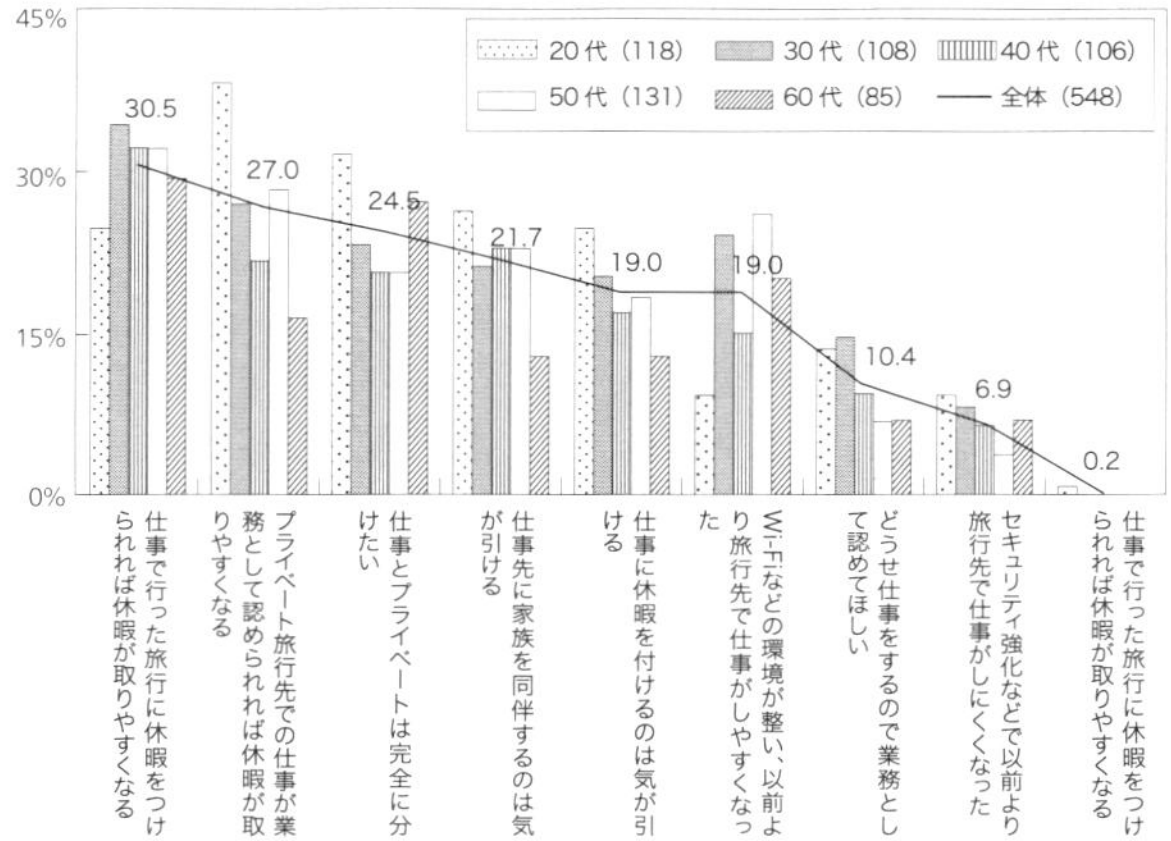

図8-6　ワーケーションおよびブリジャーに対する意識（令和2年版「国土交通白書」より）

ンとは「ワーク」（仕事）と「バケーション」（休暇）を組み合わせた造語で、二〇〇〇年代に米国で生まれたとされる。わが国でも白浜や妙高などいくつかのリゾートで実験的に試みられているが、テレワークと同じく観光客減少に悩む地域にとって処方箋になり得る。

さらに、「ブリージャー」という言葉もある。「business」（仕事）と「leisure」（余暇・休息）を組み合わせた造語で、仕事での出張先で滞在を延長するなどし、仕事の後に旅行も楽しむこと。ある調査では訪日客の実施率は二八％で、これを許可している企業は八割強だという。わが国ではまだまだ認められていない企業が多いと思われるが、

導入されれば、一挙に観光需要が増加する可能性があろう。ぜひ、国主導で認定率を上げてほしい（図8－6）。

リゾートの静かな環境は知的生産の場にふさわしい。書斎や仕事場として別荘を構えることも古くから行われた。横浜市に残る金沢文庫の地名は鎌倉武士の学問の場所であったことに由来する。多くの蔵書の保管を兼ねた文庫型というのも別荘のあり方の一つである。

多摩川の崖線上にある岩崎家の静嘉堂文庫もこのタイプになろう。今は都市化の波に呑み込まれて東京の中でも高級な住宅地になっているが、大正から戦前までは、二子玉川から府中にかけてのハケと呼ばれる多摩川の段丘沿いは別荘地帯だったのである。このあたりが別荘地帯になったのは、郊外電車の発達、市街地の環境悪化もあるが、何より国木田独歩の「武蔵野」によって、それまで顧みられることもなかった武蔵野の美が発見されたことが背景にある。静嘉堂文庫は岩崎弥之助（号・静嘉堂）・小弥太父子が収集した和漢古典で有名であるが、これは当時高輪にあった蔵書を移すため、大正十二年岩崎小弥太によって建てられたものである。小弥太はイギリス帰りのジェントルマンで生活様式は洋風であったが、後年は漢学の師に就いて学び、徐々に生活も和風になった。

休日にはよくここで週一回文庫長諸橋轍次から漢籍の講義を聞くのを楽しみに通ったという。

湘南には平民宰相といわれ大正八年に政友会内閣を組織した原敬の鎌倉市腰越の別荘があった。海岸近くに建てられたこの別荘は首相在任時にも週末住宅として頻繁に使われた。土曜日の夕方に仕事を終えて鎌倉に行き、二泊して月曜日の朝に東京に戻るというのが代表的な利用法だったという。別荘は休養や思索、時として私的な来客の応接の場に当てられたようで、気候のよい四月から十一月はほとんどの週末に利用されている。

さらには、多くの芸術家、作家などがリゾートに居を構えている。比較的仕事時間が自由になる人々にとって、都会の喧噪から逃れて、制作や著述に専念できる環境は他では得難いものなのである。

こうしたビジネスの場として、思索の場としてのリゾートは、我々に新しいライフスタイルをもたらし、その先には、移住定住への可能性も十二分に秘めているのである。

〈災禍の避難地〉

戦災、火災、震災、流行病など、予期せぬときに災害が都市を襲うことがある。そう

したとき、長期的な避難生活を送る場所としてリゾートが存在するという考え方がある。別荘などを普段はリゾートライフを楽しむのに使い、万が一、災害が発生したときは、移住して生活拠点とするのである。

震災、戦災時の湘南

こうした例は、近代に起こった震災、戦災時の湘南地方でもみることができる。大正十二年に関東地方を襲った関東大震災は東京に大きな被害を出した。震源地は伊豆大島の東方で東京よりも当時別荘地となっていた湘南地方の方が近かったにもかかわらず、人家が密集していなかったため、二次的に起きた火災による家屋の焼失や人的被害は少なかった。こうして湘南は住宅地として災害に対して有利であることを立証したのである。そのため、東京在住の別荘所有者は別荘の方に本居を移すものも現れ、住宅地化が進んだ。

震災の次は戦災である。戦時中も同じで、東京の別荘所有者は別荘を常住住宅として用い、戦火を逃れ食料難を乗り切った。戦後もそのまま湘南に住み続ける人も多かった。震災と戦災を契機にして湘南地域は別荘地から住宅地に変化してしまったが、リゾートが安全を担保した貴重な実例となったのである。

阪神淡路大震災や東日本大震災においても、温泉地が避難所として大変機能したという。ただ知らない土地に避難するよりも、何度も行き来していて、もしかしたら近所に知り合いもいて、勝手知ったる土地の方が被災した心も休まるだろう。昔だったら田舎の実家がそうした役割を果たしたかもしれないが、今は三世代前から都市ぐらしという人が増えている。国民が皆、安全の担保地としてのリゾートを確保できる日は来るだろうか。

〈新技術導入の実験場〉

海浜で海水浴や日光浴をしたり、高原で避暑をするという近代リゾートの概念自体、日本人にとって目新しいものであった。欧米の先進文明と文化の摂取に熱心だったリゾートは、新しい思想、文化、技術を実験的に受け入れ試すための格好の舞台とされた。そこでは、大変早い時期から新しい技術が導入された。

箱根を例に具体的に辿ってみよう。

電気

箱根湯本には明治二十五年、箱根電灯発電所が建設された。これは水力発電所としては関東では初めてであり、全国では同二十四年の京都蹴上発電所についで二番目であった。これによって、箱根湯本の温泉街にはアーク灯の街灯が燦然と輝いた。明治二十年代はまだ都心部に住む市民でも電気に対する知識があまりなかった頃である。さらに同三十年には湯本茶屋発電所が建設された。これは京都蹴上発電所と同じく、鉄道電化のための施設という色彩の強いものであった。

図8-7　水力発電所
（箱根町立郷土資料館「箱根彩景」より）

通信

箱根では明治十四年宮の下に夏期専用の電信局が設置されている。同二十二年には、熱海に東京と結ぶ電話が逓信省の事業により開通している。グラハム・ベルが磁石式電話を発明したのが一八七六年（明治九年）

であるから、まだ十三年しか経っていない時期でしかも他に先駆けて設けられたのである。また同三十五年には箱根宮の下、日光など避暑地に特設電話が設置されている。いずれも地方部としては異例の早期の設置であった。熱海に電話が開通して間もない明治二十二年二月、電話の威力を試すまたとないチャンスが訪れた。伊藤博文らが制定をすすめてきた大日本帝国憲法が発布され、憲法の全文は電話を通じて、どこよりも早く熱海に伝えられたのである。

電信や電話という文明の利器、当時のハイテク情報技術がリゾートに導入されたのは、政財界の要人が集まるところだったからであり、新しい技術の効力を試すのにもっともふさわしい場所であったからであろう。見方を変えれば、中央と結ばれた情報ネットワークの整備がリゾートを支える基盤であったといえるかもしれない。

近代のリゾートにはこの他にも、さまざまな新しい西洋の産業技術、スポーツ・レクリエーションが積極的に導入されており、先進的な西洋文化を取り入れた理想的な生活、居住空間のあり方を求めた姿勢がうかがえる。その意味では近代リゾートは都市における西洋文化の本格的導入に対し、その実験の場としての役割を担ったともいえる。

こうした実験の場として、リゾートをどんどん使っていけばよい。海外でもスイスのツェルマットなど有名リゾートでは、環境に配慮した新技術を積極的に導入しており、それがリゾートとしてのステイタスにもつながっている。

〈SDGs〉

さて過去の事例ばかりでなく、現代のリゾートで展開できる技術はなんだろうか。観光の将来像について語られるとき必ず登場するのが、サスティナブル・ツーリズムという観点である。これは決して近年急に言われ始めたことではないのだが、二〇一五年の国連サミットにおいて、「持続可能な開発のための2030アジェンダ」に記載された国際目標、「持続可能な開発目標 SDGs: Sustainable Development Goals」が採択されて以来、急激に注目が集まっている感がある。SDGsは、ご承知のように、貧困や飢餓の撲滅、教育、ジェンダーの平等、クリーンエネルギーの普及、経済成長、環境保全、平和構築など、十七の目標と各目標に紐づく百六十九のターゲットから成り、二〇三〇年までの達成を目指している。

国連世界観光機関（UNWTO）は「十三の目標に対して、観光は直接的、または間接

図8-8　Tourism for SDGs

的に貢献する力があり、持続可能な開発目標の達成に向けて、重要な役割を担っていると言える」旨を宣言しており、持続可能な観光について「訪問客、産業、環境、受け入れ地域の需要に適合しつつ、現在と未来の環境、社会文化、経済への影響に十分配慮した観光」と定義している。

しかしながら、観光は「雇用」や「消費」といった目標達成には貢献できるものの、観光が負の影響を及ぼす目標も少なくなく、風当たりが強いのも事実である。COP25に参加するため船で大西洋を渡ったグレタ・トゥーンベリさんのように、ヨーロッパでは、フライトシェイム（flight shame）という言葉まで生まれている。

交通機関を利用しての移動がどうしても伴う観光は、地球温暖化問題に対してはプラ

ス材料を提供するというより、マイナスの材料をいかに減らすかにかかってくるところもある。観光地も人一倍環境には配慮しなければいけない。

地域側の環境への態度を示す方法として、観光地・リゾートの環境認証制度がある。世界標準の制度の国単位での導入が望ましいが、地域単位での導入も可能であろう。認証の取得を通して、事業者だけでなく、旅行者への環境への意識の喚起や行動の変容を促すことにもつながり、持続可能な観光の発展に寄与するとされている。

例えば、オーストリアは、世界で初めて国単位でツーリズムに関する環境認証制度、観光分野のエコラベル「The Austrian Ecolabel in Touristic Sector」を作成した。その元となったものが、チロル州独自の環境認証制度「チロルの環境の質に関するステッカー Tyrolean Environmental Seal of Quality」（一九九四年開始）である。現在はＥＵエコラベル2の一部としてヨーロッパの国々に普及している。この認証制度には、エネルギーや水の消費、ゴミの減量、節水、再生エネルギーの利用やゲストへの環境方針の説明等が要件として含まれている（観光庁「持続可能な観光の実現に向けた先進事例集」二〇一九より抜粋要約）。

わが国でも日本版持続可能な観光ガイドライン（ＪＳＴＳ-Ｄ）が作成されており、その

図8-5　松之山温泉の地熱発電（新潟県十日町市）

活用が望まれるが、広く普及するにはまだ時間を要しそうだ。

十日町市松之山温泉

わが国では、温泉源の有効利用が各地で進められている。熱いお湯として直接的に使うだけでなく、近年、地熱を活かした発電に使われ始めている。

図8－5の新潟県十日町市の松之山温泉もその一つで、将来的には温泉街全体の電気量を賄おうという計画である。今後の観光地では、このような環境負荷を減らし脱炭素に取り組む試みや、先に述べたような自然環境や文化への影響を減らす努力が観光地側にも観光客側にも求められてくるだ

ろう。

(2)都市的機能を有するリゾート

日本人は、海外のリゾートでは、長期に滞在し、リゾートライフを享受することができるのに、なぜ国内では、なかなか長期滞在が可能にならないのだろうか? 要因としては、一つには、需要側の問題として長期休暇が取得しにくいことが挙げられるが、もう一つ重要な視点は、供給側の問題として現実に長期滞在が可能な地域が少ないからである。

長期滞在が前提となるリゾートならば、日常生活にも資する都市的機能も有する必要がある。都市としての機能を有したリゾート、すなわちリゾート都市とでもいうべき都市がわが国にはない。諸外国を見渡すと、イギリスのブライトン、ブラックプール、フランスのニース、カンヌ、オーストリアのインスブルック、ドイツのヴィースバーデン、オーストラリアのゴールドコースト、アメリカフロリダ半島の数都市など、リゾート都市と呼べる地域は枚挙にいとまがない。多くの都市で、先端的な企業や研究所が立地し、プロスポーツチームがあり、大学まで立地している。こうした諸外国のリゾート都市とまでいかなくとも、最低限の都市的機能は長期滞在を可能にするためには求められる。一週間の滞在を可能にするリゾートが具備すべき条件としては以下のようなことが考えつく。

1. 食品スーパーから銀行、病院まで、都市的機能がエリア内になること
2. 高級リゾートホテルからオートキャンプ場まで、多種多様な宿泊施設が存在すること
3. スポーツから陶芸まで、一週間飽きないバラエティあるアクティビティがあること
4. テレワーク等、ビジネス環境へも対応していること
5. 徒歩スケールでの快適空間が整備され、優れた景観であること

いうまでもなく、すべてがエリア内にある必要はなく、近隣地域との連携による補完でよい。

またこうしたリゾートとしての条件を満たした地域が整備されれば、定住地としても憧れの地となることは間違いなく、都市間競争に勝つための都市整備の方向性として、選択する地域があってもよいのではないだろうか。

3. わが国の農村リゾートの新たな展開

(1)スモール・リゾートとしての農山漁村

わが国では、リゾートというと、大規模な開発によるメガリゾートを思い浮かべる人が多いが、ヨーロッパでは、村単位、集落単位のごく小さなリゾートが無数に存在しており、むしろこちらの方がメジャーである。わが国でも近年、イタリアのアルベロベッロに範をとったまちぐるみ、村ぐるみで宿泊機能を分担的に補い合い、全体で一つ宿泊施設とする手法が多くの地域で導入されている。ここでは、フランスのスモール・リゾートをみてみよう。

ジット・ド・フランス

フランスでは、「ツーリズム・ベール(Tourisme Vert/緑の観光)」といわれる形態のものが多い。いわゆるグリーン・ツーリズムの起源も、国土面積の六〇%が農地であるヨーロッパ最大の農業国家で、バカンス王国でもあるフランスにあるといわれる。

フランス革命の直前の時期、啓蒙思想家ジャン＝ジャック・ルソーの「自然に帰れ」など自然賛美思想が貴族たちの間に浸透し、農村に遊びに行くことができない貴族たちは、城の庭園の一角に人工的な農村を造成して「アモー（hameau）」（村里を意味する）と呼び、そこで農村生活を体験しながら余暇を過ごすことが流行した。

一九三六年にバカンス法が制定されると、一般の労働者も週末以外に年間二週間の有給休暇をとれるようになり、これをきっかけに長期休暇を農山漁村で過ごすという余暇の過ごし方が、市民の間にも広まり、第二次大戦後、過疎に悩むアルプス地方において、農家民宿のアイディアが生まれた。

一九五一年、農業省と観光省はこれを支援することとし、一九五五年にはフランス民宿全国連盟（Federation nationale des Gites de France／ジット・ド・フランス、五万六千軒が加盟）が組織され、ヨーロッパの農村民宿のモデルともなった。

宿泊施設を、麦の穂マークで1から4または5までランク付けしており、さらにさまざまなサービスや可能なアクティビティまで示されている。貸別荘型民宿は、基本的に庭付きの一軒家を賃貸する宿泊施設で、原則として一週間単位で利用し、自炊や洗濯などができる設備が整っている。レストランに行かずに食事ができるために費用をおさえ

図8-10　WEBサイトに掲載された南仏の民宿のPR写真

た長期休暇が過ごせること、家屋と庭を自由に使える快適性が人気を呼んでいる。経営者のサービスは必要としないため（食事、掃除、洗濯などは利用客がする）、素人でも運営できる点が日本の農家民宿とは異なる。

ジット・ド・フランスの目的は、①農村にある古民家を文化遺産として修復保持すること、②農村人口の流失を防ぐ手段となること、③快適な宿泊施設を提供すること、とされている。

修復は新築よりも費用がかかることが多いので、このタイプの民宿を経営する人々は、収益性よりも、既存の民家や納屋など、古い建物を修復して保存できる手段であることを活動目的としていることが多い。ただ最近ではインターネットのサイトを作って自分でＰＲができるので、ジット・ド・フランスに加盟しない民宿が増加してきているようである。

ヨーロッパでは、年次有給休暇制度が確立したことにより、余暇時間が増加したが、観光地やリゾートのホテルで長期休暇を過ごすには費用がかかる。そこで、長期休暇をリーズナブルな費用でのんびりと過ごすバカンス・スタイルとして、農山漁村のスモール・リゾートで過ごすグリーン・ツーリズムが都市住民の間で広まってきた。

わが国のいわゆるグリーン・ツーリズムと比較すると、次のような違いがあろう。

一つは、ヨーロッパでは農山村での滞在があくまでバカンスの一形態と捉えられているのに対して、日本では都市住民と農山村住民の交流が強調されていること。

もう一つは、ヨーロッパでは宿泊施設タイプの一つとしての「農家民宿」で、活動は「農」に限らないが、わが国では農業体験、農村文化体験、農産物販売など農が軸となり展開されていることが挙げられよう。

(2) 外国人観光客の受入れ先としての農山漁村

さて、わが国の農村はこうした制度的、空間的整備を行えば、十分に魅力的なリゾートとなっていく。そうなると、日本的コンテンツが大好きな外国人、特に西洋人にも魅力的な空間として来訪意欲を沸かせることともなるだろう。ましてや、リゾートでの長期滞在は彼らの文化といってもよい。

また、政府は農山漁村に訪日外国人観光客を呼び込むことを国際観光政策の重点施策と考え始めて久しい。

このような動きを受けて、徐々にだが、顧客が国内都市住民に限定されていた日本型グリーン・ツーリズムにおいて、外国人観光客に向けた取り組みを展開してきた先駆的な農村も存在し全国各地へ拡がりつつある。しかし受入れは簡単ではないようである。

筆者らのグループの研究によると、先進地では、まずは比較的受入れが簡単な教育旅行と団体旅行に手始めにしている地域が多い。訪日教育旅行の受入れを行うにあたっては国内教育旅行向けの既存の教育コンテンツを活用した受入れの拡大、訪日団体旅行の受入れにあたってはスケールメリットを活かした教育旅行からの展開、訪日個人旅行者の受入れにあたっては訪日団体旅行受入れからの発展の様子がみられることから、従前の受入れの状況や段階を踏まえた外国人観光客の受入れが適当であると考えられる。すでに外国人客を受入れている二つの地域を紹介しておく。

京都府南丹市美山

美山では、古くから都市農村交流というかたちで小中学生の教育旅行の受け入れを行ってきた。そんな中、かやぶきの里が注目されるようになり、観光客が増えることで、農家民宿に泊まる個人旅行者が増え始める。二〇一二年からは、台湾の旅行会社の目に留まったことがきっかけで、台湾の団体客の来訪が増加し、口コミが広がるにつれて台湾のみならず欧米諸国からの個人旅行者を受け入れるようになった。観光への本格的な取り組みの始まりは国内教育旅行の受け入れであり、その後、順を追って、国内個人旅行、訪日団体旅行、訪日個人旅行の受け入れを行ってきた。

大分県宇佐市安心院

安心院では、一九九六年から国内の教育旅行の受け入れを行っていた中で、二〇〇一年に農業視察として韓国からの団体旅行を新たに受け入れ始めた。その後は、国内の個人旅行者の来訪が増加するにつれて、団体旅行で訪れたアジア客が個人旅行として再び来訪するといった客層の展開がみられる。美山と同様に、始まりは、国内教育旅行の受け入れであり、その後、訪日団体旅行、国内個人旅行、訪日個人旅行の受け入れを行ってきた。

この二つの地域に限らず、外国人客を積極的に受け入れている地域はあるものの、多くの地域は「個人旅行者の多い欧米諸国はこれまでプロモーション活動の経験がなく、新たに始めることは資金的に難しい」と考えており、新規客層の獲得に消極的である地域もみられる。一部の先進地域を除いては未だ敷居が高いのも事実のようである。

(3)訪日外国人観光客へのアピールポイントとして食文化

さらには、農山漁村の食文化をアピールしようとする動きも見られる。

二〇一三年に和食がユネスコ無形文化遺産に登録されるなど、国内外で日本の食や食文化に対する注目が集まっている。なかでも外国人観光客の日本食に対する興味は高く、近年、地域の食を観光資源化し外客誘致に取り組む地域もみられる。実際、二〇一八年度の訪日外国人消費動向調査において、食文化観光に関連深い「日本食を食べること」

「日本の酒を飲むこと」「農漁村体験・自然体験ツアー」に対する関心を調査したところ、訪日回数の多い旅行者ほど日本食・食文化の本場である農山漁村への注目度が高いことと、欧米系の来訪者はアジア諸国からの来訪者よりも日本食や食を生み出す農山漁村体験への関心が高いことを示していた。

地域の食文化を核に外客誘致に取り組むことは、インバウンド需要の地方部への波及はもちろん、日本食材の輸出にもつながる効果があり重要であると考えられよう。肝心なことは、食の背景にある文化・歴史の魅力をきちんとアピールすることで観光資源とパッケージで地域のイメージを構築すること、農作業体験や収穫体験を通じて外客に食材の魅力をアピールし食材の販路開拓を目指すことであろう。

4. 休暇取得拡大による国内需要喚起

少しだけ、需要側の話をしておきたい。観光旅行が発生するのは、まず「ヒマ」と「カネ」ありきだといわれる。つまり自由に使える時間と費用を確保しないと行動を起こすことができないのである。今の日本では「カネ」に簡単には余裕が生まれそうもな

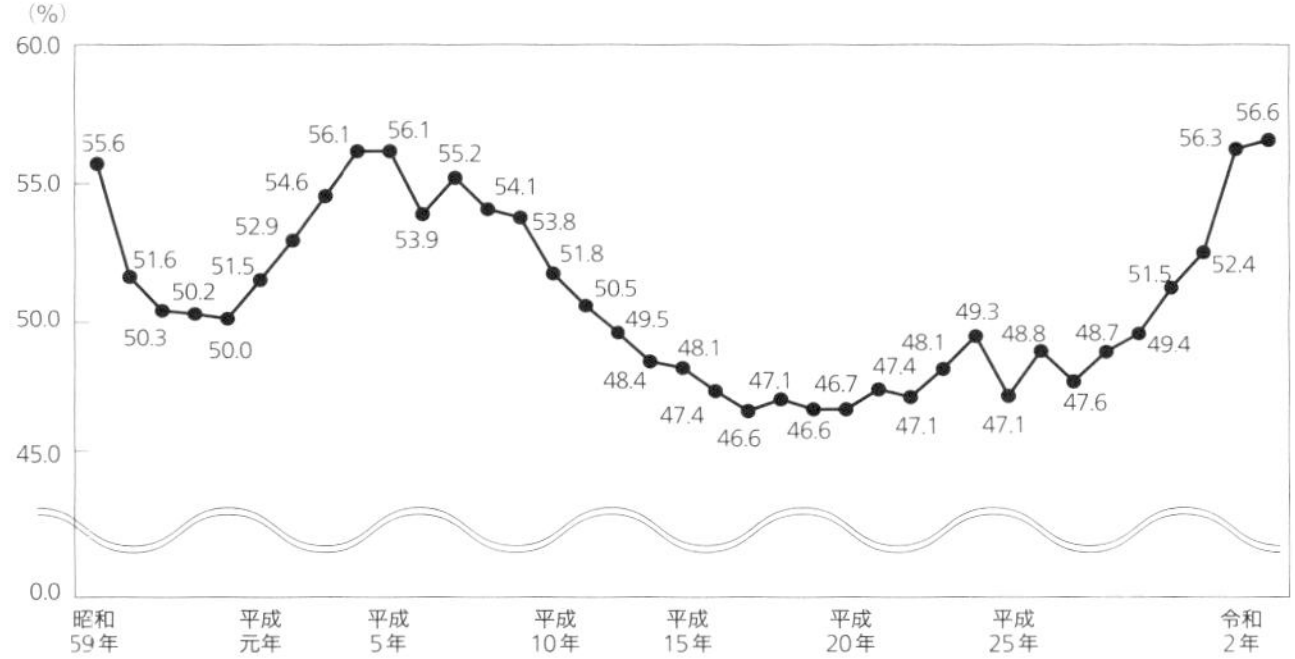

注1）「取得率」は（取得日数計／付与日数計）×100（%）である。
2）平成11年以前は、12月末現在の状況を「賃金労働時間制度等総合調査」として取りまとめたものである。
3）平成19年以前は、調査対象を「本社の常用労働者が30人以上の会社組織の民営企業」としており、平成20年から「常用労働者が30人以上の会社組織の民営企業」に範囲を拡大した。
4）平成26年以前は、調査対象を「常用労働者が30人以上の会社組織の民営企業」としており、また、「複合サービス事業」を含まなかったが、平成27年より「常用労働者が30人以上の民営法人」とし、さらに「複合サービス事業」を含めることとした。

図8-11　労働者1人平均年次有給休暇取得率の推移（厚生労働省「令和3年就労条件総合調査の概況」より）

い。特に、ある程度の長期滞在を前提とするリゾート需要では、「ヒマ」の長さと関係が深いとされている。「ヒマ」については、政府も休暇取得促進と休暇分散化を進めようとしている。

(1) 有給休暇取得の促進

この背景としては、健康の維持、創造力や労働意欲の向上など労働者の効用、業務効率の改善、多様な人材の確保や定着率の向上、社会貢献機会の提供など企業側のインセンティブも唱われている。しかし最大の狙いは、旅行需要の喚起、特に国内旅行の振興と平準化である。休暇の問題を観光需要面から捉えると、休暇取得促進と休暇

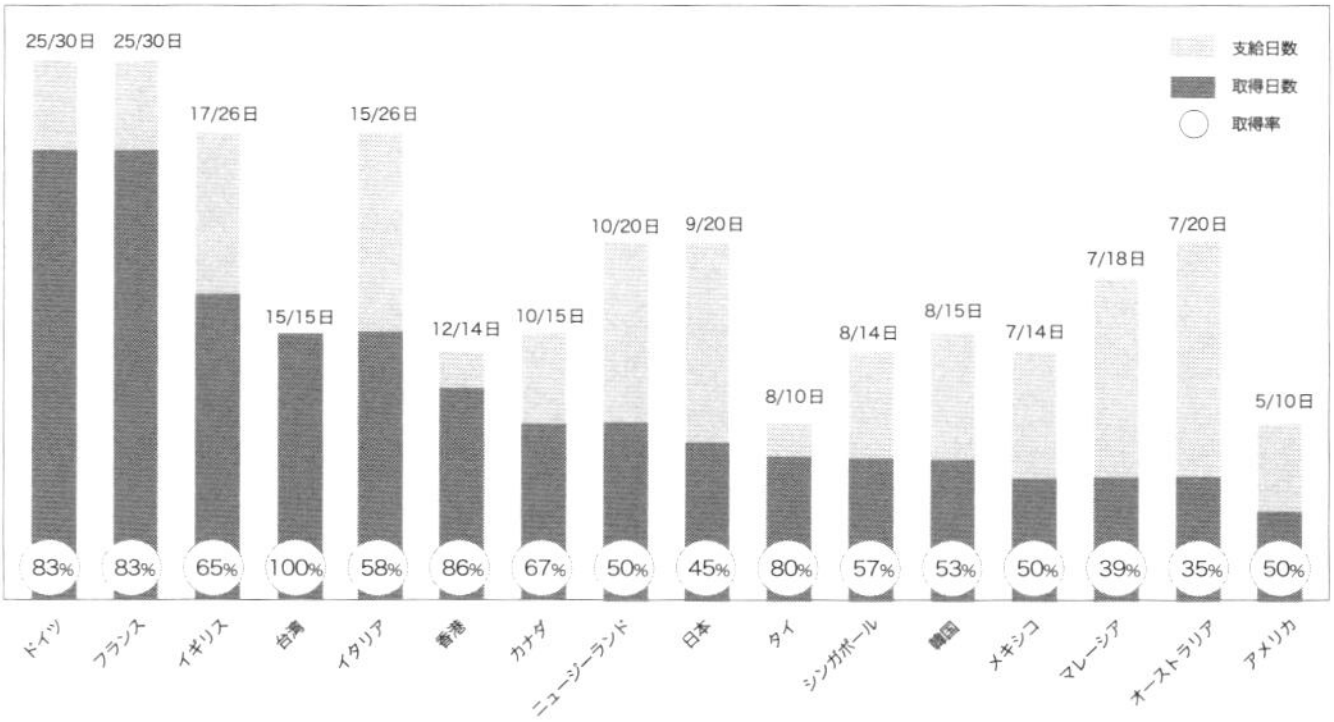

図8-12　世界16地域－有給休暇の国際比較（エクスペディア調査より）

分散化という二つの側面がある。

図8－11のグラフは、労働者一人当たり平均の年次有給休暇の推移である。わが国は諸外国に比べて有給休暇の取得率が低く、労働時間も長いことが旅行需要を抑制しているという仮説が前提にあり、これを改善しようというのが休暇取得促進策である。実際、わが国の労働者一人平均年次有給休暇取得率は、取得率は五六・六%となっており、一九七四年以降過去最高となっているものの決して高いとはいえない。

データの出所は異なるが、有給休暇の取得率を、フランス、ドイツ、イギリス、アメリカなどと比較すると、日本は「週休日以外の休日」が多いものの、「年次有給休暇」の日数は非常に少なくなっている（図8－12）。特にフランスでは五労働

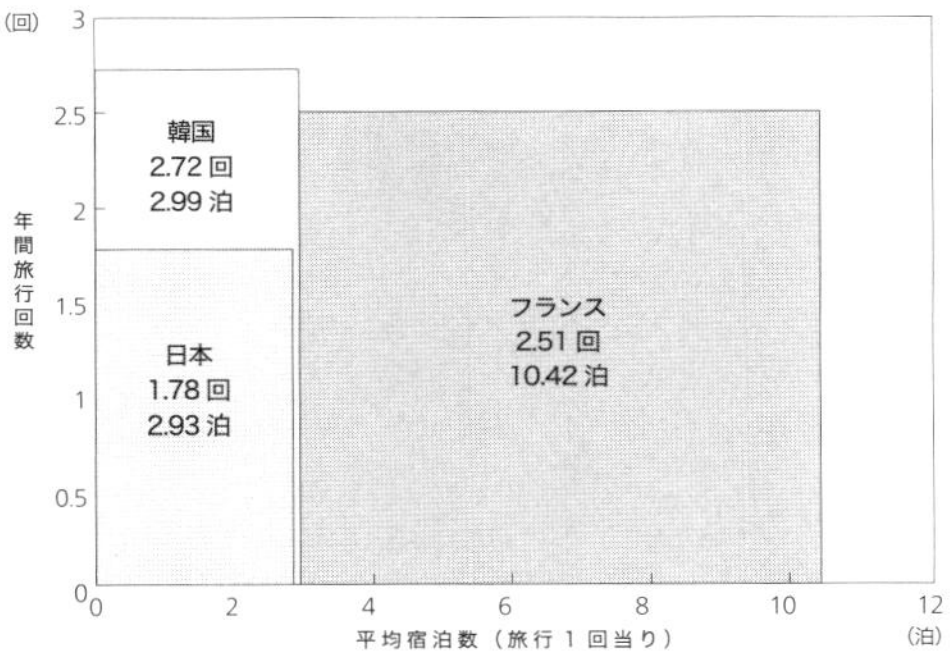

注 1）観光庁「平成 21 年度 旅行環境に関する国際調査」による。
2）平均宿泊数は、2009 年に実施した旅行のうち、宿泊数が長かったものの上位 3 回分の平均。

図8-13　日・韓・仏の年間旅行回数・宿泊数の比較（平成22年版「観光白書」より）

週（二十五日）、ドイツでは二十四日以上、イギリスでは四労働週（二十日）の年次有給休暇が保証され、コロナ禍の影響で全体的に低いものの、八〇％前後の取得率になっている。

さらに、少しデータは古いが、『平成二十二年版観光白書』で、フランス、韓国と旅行特性などの比較を掲載している。

図8－13は、縦軸に年間旅行回数、横軸に旅行一回当たりの平均宿泊数を国別にとったものだが、年間宿泊旅行回数についてみると、日本は一・七八回であり、フランス（二・五一回）、韓国（二・七二回）に比べ低い水準にあるといえる。また、一回当たり宿泊数については、日本は二・九三泊であり、フランス（一〇・四二泊）、韓国（二・九九泊）よりも少ない。すなわち、フランスは旅行一回あ

たりの宿泊数が日韓両国に比して、断然多いという特徴があり、韓国は宿泊数は日本並みだが、回数が多く、頻繁に旅行に出かける様相が読み取れる。ちなみに年間旅行回数の内訳を見ると、日本では一年間に宿泊旅行に一回も行っていない層が三三・三%を占めており、フランス（二一・〇%）に比べて一・五倍、韓国（一六・三%）に比べて二倍多いと、当時の白書では分析されている。

もちろん、旅行に対する考え方など国民性の違いもあり、休暇日数の違いだけが旅行特性の違いの要因だとはいえないが、無関係ではないと推察される。

(2) 休暇分散政策の導入

次に、休暇分散化について触れておこう。

休暇を分散化することによって観光需要が平準化する。これは観光のいわゆる繁忙期を減らすことにもつながる。観光産業側は、生産性の向上や雇用の安定化などにつながるし、観光者側も旅行コストを抑えられ、地域側ではオーバーツーリズムが軽減されるという一石三鳥的な効用が得られる。

世界的には実施されている国も多い。例えばフランスでは、国内を三つの時期に分割し、主として学校の冬休みと春休みの時期をずらし、ドイツでは州ごとに夏休みの時期をずらし、バカンス時期の混雑緩和を図っている。

こうした政策の展開は、もちろん国民生活を豊かにしようという側面もあるが、それだけでなく、国内の観光旅行需要が低迷し今後も期待できないことへの対策であるとともに、観光地をいくら整備してもそれを支える需要がなければどうにもならない、観光地は成り立たないという認識に基づいている。

わが国では長期滞在型のリゾートは成立しないといわれるが、長期滞在を可能にする休暇制度が存在しなかったことも大きな要因であろう。働き方改革が進む中で長期休暇やテレワークが進めば、十二分にわが国にもリゾートが成立するのではないだろうかと期待している。

5. オルタナティブ・ツーリズムの課題と方向性

地域がオルタナティブ・ツーリズムに対応した整備をするのは、実は非常に手間がかかる。なぜなら、観光客にさまざまな参加や体験をしてもらったり、観光客と交流する仕掛けを作るには何より人手が必要となる。専門的技能を持った人材や組織が必要とされることも多い。そこで、ここでは主に人材不足・育成という側面から、オルタナティブ・ツーリズム推進の課題と方向性について論じてみたい。

(1)観光振興における担い手人材の育成

観光振興や観光まちづくりにおいて、住民参加が当たり前のようになってきてはいるが、観光は地場産業としての側面を有している限りは、必ず専門家が維持や管理に継続的に関わっていく必要が生じてくる。そうした人材をどう確保し、また育成していくかが大きな課題である。

都市部

一見すると、都市部には人材が豊富と思えるが、まち歩きのツアーガイドなどは一部の通訳ガイド的なものが職業として成り立っているに過ぎず、ほとんどがボランティアベースというのが実際のところである。

近年都市部では、まちを歩くツアーやまちを知る講座は人気であるが、まちを学ぶ段階にとどまっており、まちを教えたり、まちを作る側に回る人材は乏しいのが現状である。

現代のまちづくりにおいては、各市民が地域の魅力を再認識し、そのまちへの愛着を持って活動を推し進めていくことが重要だといわれている。段階論としてまず「まちを学び、知る」ことが最初の段階であることは間違いないが、その先の段階である「まちを教え、まちを作る」ことまでに関わる人材は意外に少ない。また「まち歩きガイド」の多くはリタイヤ後の高齢者などのボランティアであり、高齢者への依存という課題を抱えている。「若手」の人材確保が喫緊の課題である。

解決策は簡単には講じることはできないが、筆者らの研究によれば、「ご当地検定」の合格者がガイドになれるようブランディングをしている組織や、仕事を持ちながらにして参加できるような「ガイド養成講座」を行っている組織もみられた。「若手」の参加促進方策の一つとして、「若手も気軽に参加でき、知識の吸収欲を満たせるような、（ガイドの前段階となる）装置を用意すること」が挙げられる。いかに「若手」の知識欲を喚起しガイド組織への参加のハードルを下げるか、身近なものにさせるかの仕組み・工夫づくりが重要であるといえる。

農村漁村

都市住民の若者の間では農村との交流への関心が高まり、就農・移住希望者も増加しているが、農村内の人材不足でグリーン・ツーリズムの担い手の育成は十分に行えていない。そこで、早期から担い手の育成に取り組んでいる事例からヒントを得たいと思う。

幡多広域観光協議会

「幡多広域観光協議会」は全国に先駆けて、広域の環境体験型教育旅行の受入れ組織として設立された。幡多地域は四万十市・宿毛市・土佐清水市・黒潮市・大月町・三原村の六市村から成り、豊かな自然、文化や歴史、日本の原風景が色濃く残る地域である。幡多広域エリアの「総合受入窓口」として誘致・受入れ・精算までを一括して行っている。また、幡多地域内の六市村では、体験型観光研究会と受入れ団体・個人などがネットワークを形成し、情報共有、講習会の開催、意見交換などが行われている。メニューづくりや人材・資源発掘の面でも互いに協力している。教育旅行「田舎暮らし体験」の受入れが中心で、農家民泊を行なっている。その他にも自然環境を活かしたアクティビティ、農林水産業体験など百を超える体験プログラムを展開していて、活動は多岐にわたる。そうした事業の一つとして、田舎暮らし体験受入農家研修を行っている。

グリーン・ツーリズムの担い手は農業と観光業の両方の知識を持つことが理想的であるが、現実にはどちらかに強い人に留まることがあり得る。グリーン・ツーリズム初心者への入口としてどちらから始めても可能だが、観光業を入り口にしたケースは定着が難しく、農業研修を入口にしたケースでは就農意欲の高い人や農業への関心が高い人が必ずしもグリーン・ツーリズムの担い手になろうという意識を持っているわけではない。したがって、担い手育成についても、グリーン・ツーリズムのメニュー造成などコーディネーター的人材と農業体験や農家民泊を行う人材とは区別して両者を育てる必要があるだろう。

その際、一市町村だけで担い手育成を目指すよりは広域に連携して行う方が効率的であることが幡多地域の例からもわかる。ただ市町村側は広域で共通のプラットフォームで育成しながらも誘客につながる地域の個性を個々の地域がいかに創出していくかを常に考える必要があるだろう。

それともう一点気になることがある。多くの自治体の行政や地域住民が、ツーリズム、観光の本質は理解していないまま、グリーンに対する経験や知識だけでグリーン・ツーリズムにトライしているという現状がみられる。観光産業は世界的にみると農業と同じくらい大きな産業だ。しかも、対観光客、人という点でみると、基本的には人と接触しない農業とは一八〇度異なり、観光産業は、不特定多数の人との接触、コミュニケーションの必要性が生じる、ある意味、農業の対極にあるタイプの産業である。住民も行政も観光を地域の基幹産業に育てることを目指すなら、それ相応の覚悟で取り組むことが望まれる。特に現代は「人の手間」が大きなアピールポイントになるといわれている。例えば、料理の一品出しなどはもちろん、道での何気ない挨拶などの地域の持つホスピタリティのレベルが観光地としての優劣に大きく影響するとされている。いまや「あの人に会いたい」「あの人が待っている」ことが旅行の最大のインセンティブになる時代なのである。観光に取り組むなら、生業としての強い意識を持って取り組んでほしい。

(2)農山漁村の観光振興における中間組織の重要性

過疎地域では、観光振興が活性化に寄与することはわかっていても、その担い手となる人材は高齢化する一方であり不足している。特に集落の存続さえ危ぶまれるような地域もみられ、そうした地域では観光事業に取り組む余力はなく、活性化の意欲さえも失いつつあるのが現状である。そうした中、グリーン・ツーリズムを支援する中間組織の必要性が指摘されており、実際にそれらが機能している地域もある。

飯山市「なべくら高原・森の家」

その代表的な例が先に登場した飯山市の「なべくら高原・森の家」である。ここでは紙面と都合上、詳しくは論じないが、大きくは「都市と農村の仲介機能」「地域づくりの支援機能」を有している。前者としては、地域資源の魅力の再構築・発信、移住希望者への情報提供、交流の仕掛けづくりなどが挙げられる。後者は、地場産業との連携・支援、集落の見守りと生活文化の継承などがある。「森の家」は宿泊・体験の提供が主な業務であり、ともすると一観光施設と捉えがちであるが、実際には、都市と農村、行政と住民、地域の主体間を結びつけながら、過疎化が進む集落を支える拠点施設となっている。

担い手不足で悩む地域では、外部人材の力を借りながら、地域全体を支えていく仕組みを作ることが一つの解決策になろう。

(3) 観光地のプランニングとまちづくりの接近

近年、まちづくりの手法も劇的に変わってきた。従来のお役所からのトップダウン式ではなく、住民が主体となって地域の魅力を発掘するためにワークショップなどを開催したり、まち歩きを行ったりする動きが盛んだ。バブル崩壊後、環境やコミュニティ破壊などへの反省から住民の手による持続的な開発の必要性が訴えられた。住民主体の地域づくりの中で画一化からの脱却を目指して地域の歴史・文化を対象に宝探し、誇りづくりが行われた結果、今まで埋もれていた地域資源が発掘される。このことが新たな観光資源が顕在化する絶好の機会になる。例えば、ここで作られた地域の魅力マップは、作り手が来訪者の利便を意識しているか否かにかかわらず、結果的に観光マップにもなる。

また従来は、観光など意識しなかった地域のまちづくりや大規模な都市開発でも観光がツールとして使われてきている。都市や農村の将来計画において観光を扱っていないものは皆無に近く、一般の地域づくりの方からも観光への接近がみられる。

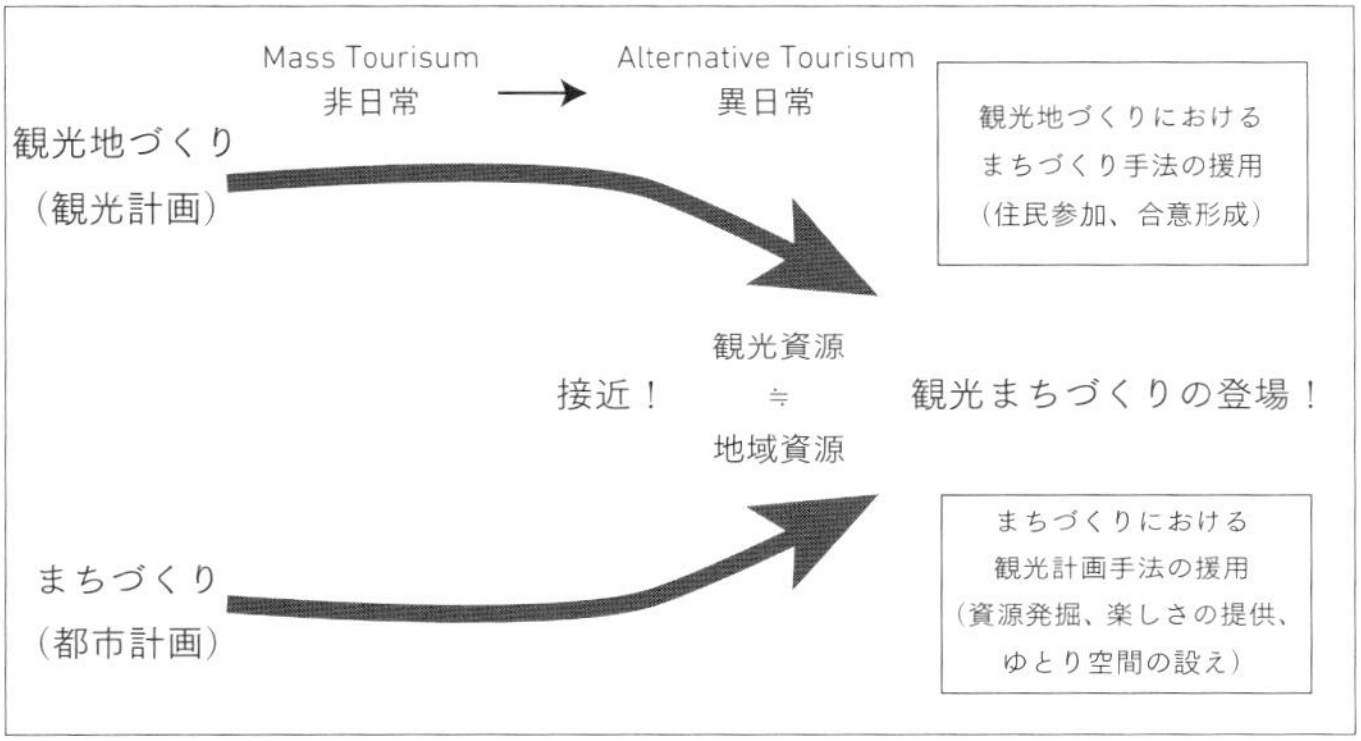

図8-14　観光地づくりとまちづくりの接近

観光地づくりの側も、オルタナティブ・ツーリズムに対応するためには、プランニングの方法を変える必要が出てきた。新しいタイプの観光資源は、専門家だからといって、簡単に発掘できるものではなく、地元住民がまず掘り出してくれないと気がつきにくい類のものが多い。そのため、観光資源を見つけ出すには外部の専門家だけではどうにもならず、住民の参画・協力が不可欠になってくる。自ずと観光地づくりでも、観光産業に携わる人々の意見だけでなく、観光業に関わりなくとも地元に住む人々の意見や創意工夫を汲み上げていく必要性が出てきた。産業振興だけでなくコミュニティ・デベロップメントの側面が強くなってきたといえる。

また地域資源をオルタナティブ・ツーリズムへ

の志向性を持った人々が訪れ、見聞したり体験したりすることで、観光資源へと変えていく場合もある。いずれにしても、観光資源を創造する主体は、かつての山岳美や海水浴のように、特別なまなざしを持った専門家ではなく、普通の住民や来訪者となってくることは間違いない。

(4)観光を生かした地域振興策の展開

多くの地域では、生活者のための環境や施策に関しては、一定水準をクリアしたといっても、まだまださまざまな行政的課題を抱えている。特に財政難の折り、生活者よりも来訪者を優先した施策展開は難しい状況が多々考えられよう。これからのまちづくりでは、いかにして限られた財源の中で行政の経済・施策効率を上げるのかが不可欠な課題となってくる。観光施策が生活者の余暇サービスにもつながることは自明であるが、観光を施策展開する際は、可能な限り他分野との政策的連携を視野に入れる必要があろう。観光施策を意図的に展開すれば、生活者のための施策を経営的に補助することも可能になる。

観光は日常生活とは人々の行動パターンが異なるため、需要の発生構造が違ってくるのである。

それを活かしたのが、阪急グループの創始者である小林一三が考え出した私鉄経営の発想だ（図8–15）。まず、自らの路線の沿線宅地開発をしてサラリーマンの通勤需要を生み出す。これとともに、ターミナル駅（梅田）にデパートを作り、通勤客が使わない平日の朝夕以外の昼間の時間帯や休日にデパートを目指した上りの需要を発生させる。また、逆方向の終点の宝塚には歌劇場や温泉を作った。これにより休日や平日の昼間に逆方向へのレジャー需要が発生するようになったのである。東京の小田急でいえば、新宿の小田急デパート、終点の箱根・江ノ島、沿線郊外の読売ランド、向ヶ丘遊園（現在は閉園）、さらには、玉川学園、成城学園といった学校も平日の下りの需要創造に一役買っているのである。

同様の発想で、病院などへの巡回バスを少し寄り道して、近隣の観光スポットに立ち寄らせるといった工夫はそう難しいことではないだろう。また、現在の観光客のかなりの割合を占めるのは高齢者や女性グループだが、若者やファミリーと違い旅行の足の中心は公共交通である。そのため彼らに快適に旅してもらうためには、域内の移動に適した小回りの利く小型バスなどをサービスする必要が生じる。いわゆる観光の二次交通手

小林一三の私鉄経営と沿線開発

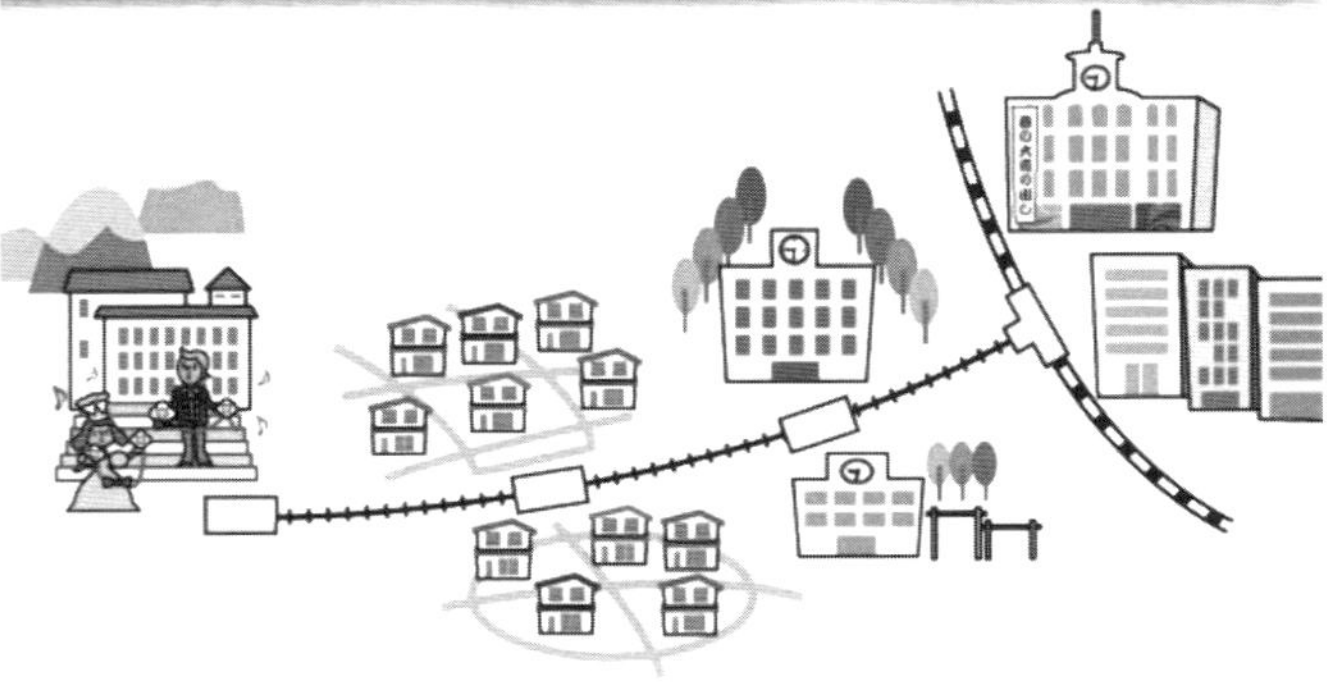

図8-15　小林一三の私鉄経営モデル

段である。

このような話をすると、すぐに採算性の問題になってしまうが、地元の高齢者の足と観光客の足を兼ねさせれば需要は増えるはず。観光客も隔離された周遊観光バスなどよりも、地元の人の方言の飛び交う路線バスの方が旅情は盛り上がるだろう。自治体が財政難の今、福祉施設や観光施設を建設する際も、プランニングの段階から複数目的のルートの可能性を探りながら、総合行政の中で対応していく姿勢が大切ではないだろうか。

今後は行政による施策や施設は、単一目的、単一機能ではなく、多目的な機能を備えた性能を有するべきだという論ともつながる。

観光政策と地域政策との連携、言い換えれば、観光空間と生活空間の一元化が要求される。現実にはこの二つは限りなく近しいものとなってきている。

バリアフリー、ウォーカブルシティづくりは、観光客が歩いて回れる街づくりに直結する。またコミュニティバス、レンタサイクルの整備は、観光客が移動しやすいまちづくりになる。さらには、来訪者に地域の文化や歴史を知らしめる仕掛けや装置は、生活者にとっては自らを理解し自地域を客観的に知るためのものになる。

戦災復興計画の中心人物・石川栄耀は、昭和二十四年『觀光と都市計畫』と題した講演を次のような言葉で結んでいる。「以上るる申し上げましたが結びと致し度いのは此等の觀光施設が結局、觀光施設丈に終り、觀光以外の目的に對して何物でもないというのでは困ります。結局、何等かの意味に於て生產的であり、情操涵養的であり、文教的であつてほしいと思います」。

観光客、地元住民、どちらか一方のためでなく、利用者として両者を想定しておくことで、安定的な集客が見込め、持続可能な観光、さらには持続可能なまちづくりにつながるのである。

年表

年	主な出来事／国土計画・法律・政策など／観光の趨勢・観光開発／海外の出来事	地域振興・地域づくり・観光まちづくり 中央	地域振興・地域づくり・観光まちづくり 地方
			1924年：大分県由布院町、本多静六講演でクアオルト紹介 1932年：足助保勝会 長野県南木曾町、米林富男・関口存男疎開 1946年：わが国第1号公民館
1950年代			
1950	**国土総合開発法**		愛知県足助町＝「香嵐渓もみじまつり」開催
1951	特定地域総合計画、日本自然保護協会設立、モーターボート競争法（公営競技）		
1955	後楽園ゆうえんち開業／ディズニーランド開業（米）	黒部第四発電所計画反対陳情	
1956	経済白書「もはや戦後ではない」		
1957	八郎潟干拓事業着工／自然公園法	鳥取県大山町（公営国民宿舎第1号）	
1958	東京タワー完成／ソーシャル・ツーリズム促進		新潟県黒川村＝「新しい村づくり」構想
1960年代			
1960	マイカー時代到来、「**所得倍増計画**」発表		夕張市＝六〇年代・炭坑最盛期（人口12万人）
1961	小林旭「渡り鳥」シリーズ、富士急ハイランドなど開業、レジャーランド・スキーブーム／国民休暇村協会設立／わが村は美しくコンクール（独）	新潟県湯沢町＝苗場スキー場	夕張市＝夕張メロン誕生 大分県大山町＝「桃栗植えてハワイに行こう」
1962	海水浴ブーム到来／全国総合開発計画、新産業都市建設促進法、「**豪雪法**」、**原油輸入自由化**（エネルギー革命）	新産都市（15）指定	

1963	「恋のバカンス」／国営中海土地改良事業着工 株式会社日本交通公社設立、観光基本法、**沿岸漁業等振興法**／ラングドック・ルシオン開発（仏）		
1964	**東京オリンピック開催**、東海道新幹線開通、／「工業特別地域法」、**森林・林業基本法**／京都タワー景観論争、観光道路開発相次ぐ	工特地区（6）指定	南木曾町＝妻籠宿資料保存会
1965	名神高速道路全通、スキー、海水浴民宿の増加／**山村振興法**／ジャルバック発売		黒川村＝スキー場整備、ホテル等順次整備 大分県湯布院町＝ゴルフ場反対運動
1966	「**古都保存法**」	茨城県東海村＝初の商用原発運転 南木曾町＝明治村奥谷移築計画	宮崎県綾町＝「照葉森林都市・有機農業の町」「結いの心」 湯布院町＝明日の由布院を考える会 「常磐ハワイアンセンター」開業
1967	公害対策基本法		南木曾町＝町営奥谷郷土資料館、太田博太郎ゼミ調査 綾町＝「一坪菜園運動・一戸一品運動」
1968	日本ナショナル・トラスト設立		長野県明治百年記念事業「妻籠宿修復復元」 南木曾町＝妻籠を愛する会（全住民）
1969	東名高速道路全通、別荘ブームへ、「男はつらいよ」シリーズ／新全国総合開発計画	大規模開発構想＝苫東・むつ地区（大規模レクリエーション構想）	
1970年代			
1970	大阪万博開催、**ディスカバー・ジャパン・キャンペーン**、「アンノン族」自己実現の旅、小京都、秘境・離島・半島ブーム／**減反政策始まる**、**過疎地域対策緊急措置法**		
1971	大雪山縦貫道路反対等自然保護運動の高まり／**環境庁発足**、農村地域工業等導入促進法／ディズニーワールド開業（米）、Tourism en Espace Rural（仏）		南木曾町＝妻籠を守る住民憲章（売らない・貸さない・壊さない） 湯布院町＝欧州温泉保養地視察
1972	『日本列島改造論』刊行、土地投機ブームへ、沖縄返還／工業再配置促進法、自然環境保全法	沖縄県竹富島＝国立公園	湯布院町＝自然環境保護条例 竹富島＝活かす会・保存会
1973	第一次オイルショック、「るるぶ」創刊、戦後初のマイナス成長		富山県利賀村＝「合掌文化村」構想 南木曾町＝妻籠宿保存条例 足助町＝町民憲章

年	主な出来事／国土計画・法律・政策など／観光の趨勢・観光開発／海外の出来事	地域振興・地域づくり・観光まちづくり	
		中央	地方
1974	国土庁発足、国土利用計画法、電源開発促進税法		北海道池田町＝ワイン城 福島県三島村＝ふるさと運動開始 滋賀県長浜市＝まちづくり組織
1975	「内発的発展論」、「岬めぐり」／UNWTO設立、直接所得補償導入（EC）		綾町＝照葉樹林伐採計画中止要請 足助町＝足助の町並みを守る会 湯布院町＝第1回音楽祭、牛喰い絶叫大会
1976	「地方の時代」／伝建地区指定開始	角館、妻籠ほか（7）＝重伝建第1号 モデル定住圏指定（44）	長野県小布施町＝北斎館開館 常磐炭砿閉山 湯布院町＝「この町に子供は残るか」シンポ、第1回映画祭
1977	第三次全国総合開発計画		宮城県中新田町＝あゆの里構想 大分県宇佐市＝「新邪馬台国」宣言 利賀村＝早稲田小劇場第1回公演
1978	第二次オイルショック、成田国際空港開港、第1回地方の時代シンポ／「いい日旅立ち」キャンペーン、第1回全国町並みゼミ		利賀村＝自然休養村 静岡県掛川市＝掛川学事始 小樽市＝小樽運河研究講座 足助町＝第1回全国町並みゼミ開催
1979		飛騨高山＝重伝建指定	掛川市＝生涯学習都市宣言 長野県飯田市＝人形劇カーニバル 夕張市＝「炭鉱から観光へ」
1980年代			
1980	大分県＝一村一品運動／屋久島ほかユネスコエコパーク登録		足助町＝三州足助屋敷
1981	井上ひさし「吉里吉里人」／神戸ポートアイランド博覧会開催、地方博ブームへ、ららぽーと船橋SC開業／自由時間省（仏）		中新田町＝バッハホール 高知県馬路村＝ゆず加工品販売開始 三島村＝生活工芸運動
1982	ミニ独立国ブームへ、地産地消	夕張市＝夕張炭鉱病院が市へ移管	利賀村＝利賀フェスティバル・世界演劇祭 中新田町＝「若アユ哲学塾」 小布施町＝町並み修景事業開始
1983	東京ディズニーランド開園／「テクノポリス	テレトピア構想	熊本県＝日本一づくり運動

		長崎県西彼町＝長崎オランダ村	夕張市＝「石炭の歴史村」開業
1984			綾町＝照葉大吊橋 竹富島＝エビ養殖事業
1985	「プラザ合意」円高容認／半島振興法	新潟県刈羽村＝原発運転開始 中新田町＝HOPE計画	熊本県小国町＝悠木の里づくり 池田町＝池田町サミット 湯布院町＝クアオルト構想 熊本県黒川温泉＝温泉組合改革
1986	氷温流通革命、ガット・ウルグアイラウンド開始／「民活法」／「スローフード」運動（伊）	農村アメニティコンクール	新潟県安塚町＝後楽園スノーフェスティバル 利賀村＝利賀そばまつり 竹富島＝竹富島憲章 黒川温泉＝入湯手形
1987	国鉄分社民営化、リゾート開発ブーム、テーマパークブームへ／第四次全国総合開発計画、**総合保養地域整備法**（「**リゾート法**」）、「テンミリオン計画」「シルバーコロンビア計画」発表	竹富島＝重伝建地区指定 北海道新得町＝Club Med.	宮崎県南郷村＝百済の里づくり計画
1988	瀬戸大橋開通、北陸自動車道全通／ふるさと創生一億円事業、「頭脳立地法」、多極分散型国土形成法		京都府弥栄町＝ないないサミット 小布施町＝環境デザイン協力事業 飯田市＝世界人形劇フェスティバル 青森県金木町＝地吹雪ツアー 新潟県高柳町＝ふるさと開発協議会
1989	国営諫早湾干拓事業着工		安塚町＝雪国文化村基本構想
1990年代			
1990	**株価大暴落・バブル崩壊**／宇都宮市＝餃子をアピール	青森県大鰐町＝三セクスキー場	安塚町＝ゆきだるま財団 飯山市＝リゾート開発白紙撤回 利賀村＝そばの郷 夕張市＝国際ファンタスティック映画祭 黒川村＝過疎地域指定解除 湯布院町＝潤いのある町づくり条例 足助町＝福祉センター（町営ホテル）百年草 南木曾町＝妻籠を愛する会、財団法人化 湯布院町＝健康温泉館、駅舎完成 いわき市＝「スパリゾートハワイアンズ」名称変更

年	主な出来事／国土計画・法律・政策など／観光の趨勢・観光開発／海外の出来事	地域振興・地域づくり・観光まちづくり 中央	地方
1991	**新森林・林業基本法**	夕張市＝スキー場開業	安塚町＝景観条例 徳島県上勝町＝１Q塾 高柳町＝じょんのび村建設 石見地域デザイン計画研究会
1992	国家公務員完全週休二日制、学校の週五日制開始／**リゾート法見直し**、国連環境開発会議「地球サミット」「リオ宣言」「生物多様性条約」／乱開発への批判・反省、**グリーン、エコ・ツーリズム台頭**	長崎県佐世保市＝ハウステンボス開業	愛媛県内子町＝「甦れ内子の森」シンポ 高知県梼原町＝初の棚田オーナー制度 高柳町＝㈱じょんのび村協会
1993	バブル崩壊の社会問題化、「南仏プロヴァンスの12ヶ月」／環境基本法／新横浜ラーメン博物館	白神山地・屋久島＝世界自然遺産 山梨県早川町＝赤沢宿重伝建地区 宮崎市＝シーガイア・リゾート	小布施町＝「㈱ア・ラ・小布施」設立 利賀村＝瞑想の郷 南木曾町＝飲食店での初のコーヒー提供
1994	関西国際空港開港	三重県＝志摩スペイン村	安塚町＝地域エネルギービジョン（雪利用） 飯山市＝GT協議会 梼原町＝「雲の上」ホテル等整備 内子町＝「からり」オープン 大分県別府市＝クリスマスHANABI 鶴岡市＝初の農家レストラン
1995	兵庫県南部地震／農山漁村滞在型余暇活動促進法／棚田支援市民ネットワーク	富山県山田村＝地域情報・モデル事業 岐阜県白川・富山県五箇山＝世界遺産	足助町＝パン工房「ばーばらはうす」オープン
1996	ナムコ・ナンジャタウン／「ウェルカムプラン21」発表、		小国町＝九州ツーリズムシンポ 早川町＝日本上流文化圏研究所 飯田市＝全市公園化構想
1997	拓銀・山一破綻、東京湾アクアライン開通、北陸新幹線開通／「外客誘致法」／ゴルフ場等リゾート破綻始まる	新潟県刈羽村＝世界最大出力に	飯山市＝森の家 上勝町＝㈱いろどり 小国町＝九州ツーリズム大学開始 鳥取県智頭町＝日本1/0村おこし運動
1998	明石海峡大橋開通、長野冬季五輪開催／「21世紀の国土のグランドデザイン」、中心市街地活性化法	占冠村＝アルファ・トマム閉鎖	安塚町ほか＝越後田舎体験・第4回棚田サミット 飯田市＝ワーキングホリデー

1999	**食料・農業・農村基本法**		智頭町＝板井原集落保存協議会 安塚町＝第2回雪サミット 神山町＝「アーティスト・イン・レジデンス」開始
2000年代			
2000	国会等移転審議会答申、過疎地域自立促進特別措置法／「**観光まちづくりガイドブック**」**発刊**、「DASH村」	グリーンピア譲渡	長野県栄村＝田直し事業 安塚町＝スキー場、経営撤退、町有財産化 十日町市ほか＝第1回越後妻有アートトリエンナーレ 小布施町＝オープンガーデン開始 湯布院町＝ゆふいん建築環境デザインガイドブック 山形県鶴岡市＝「アル・ケッチァーノ」 梼原町＝初のFSC森林認証
2001	NY同時多発テロ／**水産基本法**／産業観光サミットin愛知・名古屋、全国グリーンツーリズム協議会	宮崎市＝シーガイア会社更生法 大鰐町＝大鰐地域総合開発に民事再生法	栄村＝げたばきヘルパー 大分県豊後高田市＝昭和の町 夕張市＝産炭地危機振興臨時措置法失効 別府市＝オンパク 湯布院町＝湯布院観光行動会議 飯田市＝南信州観光公社
2002	中海・宍道湖干拓事業中止／都市再生特別措置法	飯山市＝雁木通り「美しいまちなみ大賞」 アルツ磐梯リゾート再生法申請 三重県亀山市＝シャープ工場誘致	三重県伊勢市＝おかげ横丁 黒川温泉＝日経「温泉大賞」 飯山市＝「阿弥陀堂だより」
2003	「美しい国づくり政策大綱」、小泉首相「観光立国宣言」		上勝町＝ゼロ・ウェイスト宣言 飯田市＝南信州グリーン・ツーリズム特区 竹富島＝NPO「たきどうん」 鶴岡市＝「山形在来作物研究会」 鳥羽市＝伊勢志摩バリアフリーツアーセンター設立
2004	旭山動物園人気／景観法、農山漁村余暇法、総務省「交流居住」提言／「ゆるキャラ」商標登録	占冠村＝アルファトマム、星野リゾート誘致	飯山市＝NPO信越トレイルクラブ
2005	「ALWAYS 三丁目の夕日」、愛・地球博開催／**食育基本法**、国交省「二地域居住」提言	知床＝世界自然遺産	鶴岡市＝食の都庄内 釧路市＝「阿寒観光協会まちづくり推進機構」設立
2006	八戸市＝第1回B-1グランプリ／地域団体商標登録第1弾（52）／UDC（アーバンデザインセンター）展開開始	日本ヘルスツーリズム振興機構 飯山市＝「森林セラピー基地」認定	夕張市＝三セク「石炭の歴史村」破産申請 別府市＝函館・湯の川オンパク

年	主な出来事／国土計画・法律・政策など／観光の趨勢・観光開発／海外の出来事	地域振興・地域づくり・観光まちづくり 中央	地域振興・地域づくり・観光まちづくり 地方
2007	観光立国推進基本法、中小企業地域資源活用促進法、**農山漁村活性化法**	大田市＝石見銀山世界遺産登録	飯山市＝観光協会、第三種旅行業取得 夕張市＝財政破綻（人口1万2千人）、ゆうばり応援映画祭開催
2008	観光庁設立／エコツーリズム推進法、「ふるさと納税」制度開始		由布市＝湯の坪街道周辺地区景観計画 上山市＝上山型温泉クアオルト事業開始 篠山市＝「ノオト」、空き家再生事業開始
2009	「地域おこし協力隊」制度創設		大鰐町＝財政健全化団体
2010年代			
2010		ハウステンボス＝H.I.S.経営再建開始	香川県・岡山県＝瀬戸内国際芸術祭 小浜市＝「まちづくり小浜」設立
2011	東日本大震災発生／再生可能エネルギー特別措置法	小笠原＝世界遺産登録 平泉＝世界文化遺産登録 トマム＝「星野リゾート トマム」と名称変更	
2012		富士山＝世界文化遺産登録	大田原市＝「大田原ツーリズム」設立
2013		「三陸復興国立公園」創設 「和食」ユネスコ無形文化遺産登録	由布市＝由布院盆地景観計画
2014	「まち・ひと・しごと創生法」（地方創生）、「立地適正化計画」概要パンフレット配布／「地方創生に資する『地域情報化大賞』」表彰開始	鶴岡＝ユネスコ食文化創造都市認定 富岡製糸場＝世界文化遺産登録 明治日本の産業革命遺産＝世界文化遺産登録	白川村＝車両進入制限等交通対策開始
2015	北陸新幹線金沢開業／観光庁、DMO登録制度開始、「ジオパーク」ユネスコ正式プログラムに		南丹市美山＝教育民泊事業開始

2016	熊本地震発生、北海道新幹線函館北斗開業／用語「オーバーツーリズム」登場		
2017	住宅宿泊事業法（民泊新法）制定	宗像・沖ノ島＝世界文化遺産登録	珠洲市＝奥能登国際芸術祭 高山市＝大学連携センター設立 名古屋市有松＝全国町並みゼミ40回記念大会
2018	訪日外国人観光客数三千万人突破、西日本豪雨	長崎・天草＝世界文化遺産登録 『訪れてみたい日本のアニメ聖地88』発刊	小菅村＝「源流の村」創業 白馬村＝岩岳・スキー場「絶景テラス」開業 釜石市＝「世界の持続可能な観光地100選」日本初選出
2019		日本アドベンチャーツーリズム協議会本格稼働	倶知安町＝「宿泊税」導入
2020年代			
2020	コロナ禍始まる、国内で感染者確認／文化観光推進法		京都市＝「京都観光モラル」策定
2021	東京オリンピック・パラリンピック	奄美・沖縄＝世界自然遺産登録 北海道・北東北縄文遺跡群＝世界文化遺産登録	
2022	ウクライナ侵攻、「全国旅行支援」開始、円安始まる、九州新幹線西九州ルート部分開業		知床＝遊覧船事故
2023	「空き家法」改正、大阪府ＩＲ認可	盛岡市＝ニューヨーク・タイムズ紙「2023年に行くべき52カ所」	神山町＝「神山まるごと高等専門学校」開学 宮島＝「訪問税」徴収開始
2024	能登半島地震発生	山口市＝ニューヨーク・タイムズ紙「2023年に行くべき52カ所」 佐渡島の金山＝世界文化遺産登録	

参考文献

［全般］
原田順子、十代田朗編著（二〇一一）『観光の新しい潮流と地域』放送大学教育振興会
安島博幸、十代田朗（一九九一）『日本別荘史ノート』住まいの図書館出版局
十代田朗（二〇〇三）「都市・地域と観光」『ヴィジュアル版建築学入門10　建築と都市』彰国社
十代田朗編著（二〇一〇）『観光まちづくりのマーケティング』学芸出版社
十代田朗（二〇一三）「新しい観光の潮流とまちづくり」「ランドスケープ研究」77巻3号
鈴木忠義編（一九八四）『現代観光論［新版］』有斐閣
前田勇編著（一九九五）『現代観光総論』学文社
日本交通公社編（二〇〇四）『観光読本［第2版］』東洋経済新報社

［第二章］
溝尾良隆（二〇〇九）「ツーリズムと観光の定義」『観光学の基礎』原書房
渡邉貴介（二〇〇二）「観光と咸臨」『観光と咸臨　渡邉貴介先生の想い出』東京工業大学大学院情報理工研究科
Chief edit. Jafari, J. 2000, "Encyclopedia of Tourism", Routledge
アジア太平洋観光交流センター観光まちづくり研究会編（二〇〇〇）『観光まちづくりガイドブック』アジア太平洋観光交流センター

［第三、四、五章］
新城常三（一九七一）『庶民と旅の歴史』ＮＨＫブックス、日本放送出版協会
溝口周道（一九九五）「易経の「観国之光」の意味について」日本観光研究学会全国大会研究発表論文集No.10
神崎宣武（二〇〇四）『江戸の旅文化』岩波新書、岩波書店

橋本俊哉（一九九七）『観光回遊論』風間書房
ジーボルト著（斎藤信訳）（一九六七）『江戸参府紀行』東洋文庫、平凡社
山﨑有紀、十代田朗、津々見崇（二〇一三）「門前町におけるまちづくり活動に関する研究　歴史文化と観光に対する各主体の役割や態度に着目して」「観光研究」35巻3号特集号
澤壽次、瀬沼茂樹（一九六八）『旅行１００年　駕籠から新幹線まで』日本交通公社出版事業局
溝口周道（二〇〇四）『明治以降　観光関連年表』旅と観光研究室
沢本守幸（一九八一）『公共投資１００年の歩み』大成出版会
下村彰男（二〇〇七）「観光地・風景地の近代遺産」「ランドスケープ研究」70巻4号
Akira Soshiroda, 2005, 'Inbound Tourism Policies in Japan from 1859 to 2003', Annals of Tourism Research Volume.32, Issue4
椎名裕美（二〇〇八）「戦前の国際観光政策における情報発信に関する研究」東京工業大学修士論文
角山榮、川北稔（一九八二）『路地裏の大英帝国』平凡社
梅川智也（二〇〇九）「これまでの観光地づくりの系譜」西村幸夫編著『観光まちづくり』学芸出版社
中野文彦（二〇〇六）「わが国の観光地形成と観光計画」『これからの観光地を考える　諸領域からの観光への視線』国土交通省国土技術政策総合研究所
高橋正義、十代田朗、羽生冬佳（二〇〇三）「戦後復興期の観光関係特別都市建設法の成立と同法制定都市における観光都市計画に関する研究」「都市計画論文集」38巻
林真希、十代田朗、津々見崇（二〇〇七）「ディスカバー・ジャパン・キャンペーンの方法及び対象に関する基礎的研究」「日本観光研究学会全国大会学術論文集」No.22
青山敦（二〇一五）「山岳リゾートの国際化による再生過程に関する研究」東京工業大学修士論文

［**第六章**］

十代田朗（二〇〇六）「都市にとって観光とは何か?」『これからの観光地を考える　諸領域からの観

光への視線』国土交通省国土技術政策総合研究所
鶴田一「IR（統合型リゾート）を用いた新規都市開発と観光政策に関する研究」東京工業大学博士論文
群馬県、前橋市、東日本旅客鉄道、日本交通公社（一九九八―三）『アーバン・ツーリズムの提唱とこれを活用した新たなまちづくり構想の推進』
今野理文（二〇〇三）「札幌市における観光的魅力の創造成長過程に関する研究」東京工業大学修士論文
加藤大地（二〇二〇）「文化財の観光的活用に関する研究　歴史文化基本構想に基づく取り組みを中心として」東京工業大学修士論文

［第七章］

熊谷圭介（二〇〇六）「観光計画の現場から　地域におけるこれからの観光計画」『これからの観光地を考える　諸領域からの観光への視線』国土交通省国土技術政策総合研究所
向山秀昭（二〇〇九）『グリーンツーリズム論ノート』国際観光サービスセンター
渡辺貴介、十代田朗（二〇〇二）「国土・地域・首都計画」日本不動産学会編『不動産学事典』住宅新報社
小山環、十代田朗、津々見崇（二〇〇二）「農村における都市との交流施策の類型及び展開に関する研究」「都市計画論文集」37巻
多方一成他著（二〇〇〇）『グリーン・ツーリズムの潮流』東海大学出版会
三浦知子（二〇〇〇）「観光から向けられた「農」へのまなざしの変遷」立教大学大学院観光学研究科修士論文
山崎光博（二〇〇五）『ドイツのグリーンツーリズム』農林統計協会
鈴木茉奈緒（二〇二二）「オーライ！　ニッポン大賞受賞団体に見るグリーンツーリズムの課題に関す

る研究」東京工業大学卒業論文
小川怜、十代田朗、津々見崇（二〇二二）「ユネスコエコパークを通してみた持続可能な地域振興の可能性」「観光研究」34巻3号特集号
兒玉剣（二〇一七）「瀬戸内海島嶼部における「新しい観光」による観光地域としての変容に関する研究」東京工業大学修士論文

［**第八章**］
十河久惠他著（二〇一八）『持続可能な観光政策のあり方に関する調査研究』国土交通省国土交通政策研究所
新保卓己（二〇二一）「我が国の島嶼部におけるツーリズム・インパクトに関する研究」東京工業大学修士論文
小橋優志、十代田朗、津々見崇（二〇二一）「地域主体のヘルスツーリズムの開発プロセスとその後の展開に関する研究」「観光研究」32巻2号
蔵本祐大、十代田朗、津々見崇（二〇一八）「わが国の国際グリーン・ツーリズムの受入態勢に関する研究」「観光研究」30巻1号
蔵本祐大（二〇二〇）「外国人観光客を対象とした食文化観光の実態と展開に関する研究」東京工業大学修士論文
阿久津千晶、十代田朗、津々見崇（二〇一六）「都市部のまち歩きガイド組織の特徴とガイドの個人特性と意識に関する研究　年代に着目して」「観光研究」28巻2号
小山環、十代田朗、津々見崇（二〇一五）「過疎地域における都市農村交流施設が中間組織として果たす役割に関する研究　長野県飯山市なべくら高原森の家を事例として」「都市計画論文集」50巻2号

「観光」の語源的解釈は、「よその国の人によく国が治まっている姿を見せることが最良のもてなしである」ということだった。さながら現代に当てはめると、美しい風景と人々が幸せに活き活きと暮らしている様ではないだろうか。すなわち、「観」せるべき「光」とは、決して特出した観光的魅力を持つものではなく、人々の日常的な生活景に他ならないのである。人々は、来訪者として、見知らぬ土地を観て、好奇心や知識欲などを満たす。しかし、時には、生活者として、自らの住み処を観せることもあろう。「観せたい心」も本能的な欲求かもしれない。こうした往来が「観光」の本質であり、オルタナティブ・ツーリズムである。「観光」は、人間の欲求に応えながら地域に満足感と、さらには富を生み出す装置にもなるのである。そう考えると、「観光」は「まちづくり」の「目的」さらには一つの終着点を代表して表現している言葉ではないだろうかと思えてくる。

現在、「観光まちづくり」という言葉が多くの地域で使われ、大学の学部の名前に用いられるほど、一般にも浸透し始めているが、上記のように考えると、「観光まちづくり」とは、「観光」を「手段」とした「まちづくり」ではなく、「観光」を目的とした「まちづくり」を意味するのではないだろうか。

このことを考える上での重要な示唆を、幕末の軍艦の名前「観光丸」と「咸臨丸」から得ることができる。

幕末に江戸幕府がオランダから入手した洋式軍艦に「観光丸」という名前を命名したことは先に書いた。もう一隻が有名な「咸臨丸」で、「観光」と「咸臨」、この二つはいずれも中国の古典「易経」を出典とする元々はペアの言葉である。「咸臨」という言葉は「咸じて臨めば、貞にして吉なりとは、志正を行えば也」であり、「正しい志を持って事にあたれば、他者を感動させ、良い結果をつながる」と解釈される。すなわち「観光」は「まちづくり」の「目的」であると同時に、「咸臨」は「まちづくり」の「進め方」を示しているのである。

このような「観光」と「咸臨」の解釈の話を筆者にしてくれたのは、恩師である故渡辺貴介先生（東京工業大学名誉教授）である。本書を上梓できたのも、歴史から学ぶことと現場を見ることの大切さ、そしてこの二つの視点を融合し、現代に活かす知恵を得る研究スタイルを私に説いてくださった先生あってである。真っ先に拙書を捧げたい。
また、前書の共同著者であった羽生冬佳立教大学教授、海津ゆりえ文教大学教授、津々見崇東工大助教、原田順子放送大学教授との議論は本書にも大きく影響している。深く感謝申し上げる。

さらには、三十年あまりにわたる大学での研究生活をともにした十代田研究室の多くの卒業生、修了生にも感謝したい。皆さんとの切磋琢磨から得た多くの研究成果が本書に生かされている。

最後に、放送大学叢書として、本書を世に出す機会を与えてくださった放送大学、左右社の関係者の皆さま、とりわけ身近な編集者として常に適切なアドバイスをしてくださった東辻浩太郎さんには、心から御礼を申し上げたい。

皆さん、ありがとうございました。

二〇二四年一〇月　十代田　朗

創刊の辞

この叢書は、これまでに放送大学の授業で用いられた印刷教材つまりテキストの一部を、再録する形で作成されたものである。一旦作成されたテキストは、これを用いて同時に放映されるテレビ、ラジオ（一部インターネット）の放送教材が一般に四年間で閉講される関係で、やはり四年間でその使命を終える仕組みになっている。使命を終えたテキストは、それ以後世の中に登場することはない。これでは、あまりにもったいないという声が、近年、大学の内外で起こってきた。というのも放送大学のテキストは、関係する教員がその優れた研究業績を基に時間とエネルギーをかけ、文字通り精魂をこめ執筆したものだからである。これらのテキストの中には、世間で出版業界によって刊行されている新書、叢書の類と比較して遜色のない、否それを凌駕する内容のものが数多あると自負している。本叢書が豊かな文化的教養の書として、多数の読者に迎えられることを切望してやまない。

二〇〇九年二月

放送大学学長　石弘光

放送大学

学びたい人すべてに開かれた
遠隔教育の大学

〒261-8586千葉市美浜区若葉2-11
Tel: 043-276-5111　Fax: 043-297-2781　www.ouj.ac.jp

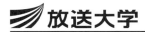

十代田朗（そしろだ・あきら）

國學院大學観光まちづくり学部教授。社会工学、都市・地域・国土計画、観光計画、観光地・リゾート発展史学、観光まちづくり論。博士（工学）。
1961年東京都生まれ、神奈川県育ち。東京工業大学工学部社会工学科卒業、同大学院社会工学専攻修士課程修了。株式会社三菱総合研究所、東京工業大学社会工学科、新潟大学工学部建設学科、東京工業大学大学院情報環境学専攻、同大学環境・社会理工学院建築学系を経て、現職。その間、立教大学観光学部兼任講師、Universität Innsbruck, School of Management, Visiting Professor、放送大学客員准教授を歴任。

主要著編書・訳書
『日本別荘史ノート』（共著、1991年）、"*Change Management in Tourism - From 'Old' to 'New' Tourism*"（共著、2008年）、『観光まちづくりのマーケティング』（編著、2010年）、『観光の新しい潮流と地域』（編著、2011年）、『近代別荘建築』（監修、2022年）、『観光まちづくりの展望』（共著、2024年）等がある。

新しい観光学
観光とリゾート、そしてオルタナティブ・ツーリズム

2024年11月10日　第一刷発行

著者　十代田朗

発行者　小柳学

発行所　株式会社左右社
〒151-0051 東京都渋谷区千駄ヶ谷 3-55-12 ヴィラパルテノン B1
Tel: 03-5786-6030 Fax: 03-5786-6032
https://www.sayusha.com

装幀　松田行正＋杉本聖士

印刷・製本　創栄図書印刷株式会社

Printed in Japan ISBN978-4-86528-443-0

放送大学叢書

貨幣・勤労・代理人　経済文明論
坂井素思　定価一八五〇円+税〈三刷〉

道徳教育の方法　理論と実践
林泰成　定価一七〇〇円+税

近現代日本の生活経験
中川清　定価二二〇〇円+税

21世紀の女性と仕事
大沢真知子　定価一八五〇円+税〈二刷〉

地域教育再生プロジェクト　家庭・学校と地域社会
岡崎友典　定価一七〇〇円+税

私教育再生　すべての大人にできること
安彦忠彦　定価一六五〇円+税

日本社会の変動と教育政策　新学力・子どもの貧困・働き方改革
小川正人　定価一八〇〇円+税〈二刷〉

現代中国　都市と農村の70年
浜口允子　定価一八〇〇円+税

となりの心理学
星薫　定価一八〇〇円+税

新・住宅論
難波和彦　定価二五〇〇円+税

衝突と共存の地中海世界　古代から近世まで
本村凌二・高山博　定価一七〇〇円+税

響映する日本文学史
島内裕子　定価一八〇〇円+税

遊環構造デザイン　円い空間が未来をひらく
仙田満　定価二五〇〇円+税

精神疾患とは何だろうか
石丸昌彦　定価二二〇〇円+税

パレスチナ問題の展開
高橋和夫　定価二五〇〇円+税〈三刷〉

増補　自己を見つめる
渡邊二郎　定価一八〇〇円+税

建築を愛する人の十三章
香山壽夫　定価一七〇〇円+税

人間発達論
住田正樹　定価二二〇〇円+税

新版　少年非行
鮎川潤　定価一八〇〇円+税

これからの学力と学習支援　心理学から見た学び
市川伸一　定価二二〇〇円+税

文学のエコロジー
宮下志朗　定価二二〇〇円+税